MARCO GERMANI

BUSINESS CON LA CINA

Come Fare Affari Con Il Made In China e L'Import Export

Titolo

"BUSINESS CON LA CINA"

Autore

Marco Germani

Editore

Bruno Editore

Sito internet

http://www.brunoeditore.it

Sommario

Introduzione

Se hai intrapreso la lettura di questo ebook vuol dire che hai deciso seriamente di interessarti al "pianeta Cina" e che vuoi acquisire il maggior numero di informazioni possibili sull'argomento, per massimizzare le tue possibilità di successo in questo paese. Sia che tu stia già in qualche modo operando professionalmente in Cina, oppure sia ancora in una fase di valutazione, per capire se e come muoverti in questa direzione, le informazioni contenute in questo ebook potranno fare per te la differenza e risparmiarti tempo, energia e denaro.

Se già ti sei interessato e se ti sei documentato in maniera approfondita sulla Cina, molti concetti e suggerimenti espressi in questo ebook ti saranno già noti; lo potrai, quindi, utilizzare come se fosse una *check-list*, per valutare il tuo grado di conoscenza della materia e magari integrare ciò che già sai con qualche concetto nuovo.

Personalmente sono dell'avviso che, se da ogni libro che leggiamo siamo in grado di estrarre una o due buone idee, da applicare subito alla nostra vita in maniera pratica, l'investimento economico nel libro è più che giustificato e avremo fatto un passo avanti significativo per migliorare e per crescere personalmente e professionalmente.

Obiettivo di questo ebook è di mettere a tua disposizione la mia esperienza sulla Cina maturata in anni di frequentazione a scopo professionale di questo paese. In terra cinese ho vissuto molti successi e gratificazioni ma ho commesso anche clamorosi passi falsi. Ho fatto, però, tesoro di questi insuccessi e ora sono disposto a condividere le lezioni apprese con te.

Frequentando la Cina per affari, la mia esperienza non si è limitata strettamente alle attività professionali in cui sono stato coinvolto in prima persona, ho avuto infatti occasione di conoscere le storie di molti altri imprenditori, provenienti da varie parti del mondo, che, come me, hanno affrontato con passione e determinazione le sfide lanciate da questo affascinante paese e hanno condiviso con me le loro impressioni, e sensazioni. Quelle che troverai in questo ebook sono esperienze di vita; ognuna con un sua lezione esemplare da utilizzare nel tuo percorso personale verso il successo in questo paese.

Negli ultimi due decenni, moltissime aziende italiane, operanti nei più diversi settori, hanno deciso di tentare la fortuna in Cina più o meno seriamente e in maniera più o meno strutturata.

Solo una piccolissima percentuale di queste, però, è riuscita a superare le inevitabili difficoltà iniziali, a trovare la sua strada e a rendere l'operazione proficua da un punto di vista economico. Le restanti imprese hanno fatto un mesto ritorno a casa, spesso con ingenti perdite di tempo e denaro e altrettanto spesso senza che abbiano capito i reali motivi del proprio fallimento.

In questo ebook, verranno analizzati gli errori più comuni che le aziende del nostro paese commettono in Cina e che, come vedremo, sono molto spesso dovuti alla mentalità e all'approccio, piuttosto che consistere in dei veri e propri errori tecnici e operativi sul campo.

Le aziende italiane che hanno ottenuto successo, al contrario, hanno certamente seguito delle linee guida che possono essere ricondotte ad alcuni punti fondamentali comuni. Questi punti verranno illustrati e razionalizzati in modo da essere utilizzati come referenza per le altre aziende.

In questo ebook, volutamente, i dati numerici e le informazioni quantitative sulla Cina sono limitati e di carattere generale, principalmente per i seguenti motivi:

- in Cina le cose cambiano a una velocità incredibile e i dati numerici diventano presto obsoleti. Leggere nel 2011 che nel 2009 (dati più recenti disponibili attualmente) la crescita del PIL cinese è stata di una certa percentuale o che la quota di *export* ha totalizzato X milioni di USD potrebbe avere un valore prettamente accademico, visto che la situazione allora potrebbe essere completamente diversa;

- tutti questi dati sono facilmente reperibili in una miriade di siti web, costantemente aggiornati, mentre un ebook per forza di cose non lo è;

- questo lavoro intende presentare dei concetti generali che prescindono dai calcoli matematici e dai dati statistici ma forniscono un *framework* di base su come affrontare un piano d'affari in Cina.

Questo ebook si rivolge prevalentemente a un imprenditore o *manager* italiano, che possegga o diriga un'azienda di piccole o medie dimensioni e voglia capire quali siano, e come sfruttarle al meglio, le enormi opportunità di business presenti attualmente in Cina. Tuttavia, può essere d'aiuto anche a chi abbia semplicemente un'idea di business, pur non avendola ancora implementata in pratica, e stia valutando come potrebbe realizzarla in Cina.

Infine, può essere indicato per chi, pur non avendo per il momento intenzione di fare affari in Cina, desideri semplicemente documentarsi per propria cultura personale su questo argomento di attualità non escludendo che, iniziando a interessarsi seriamente alla materia, in futuro possa avere qualche valida idea di business riguardante la Cina, da proporre a qualcun altro o da realizzare egli stesso.

Le possibili modalità di lettura di questo ebook sono

fondamentalmente due:

- in modo sequenziale, dall'inizio alla fine;
- in modo mirato, selezionando gli argomenti per te di maggiore interesse.

Nel primo caso avrai una visione di insieme dei più importanti temi relativi alla Cina e di come fare affari in questo paese, oltre che delle principali tipologie di business che le aziende straniere sono solite implementare in Cina; nel secondo potrai concentrarti direttamente su ciò che è di maggiore interesse per il tuo business (ad esempio vendere, acquistare, produrre).

Ti auguro buona lettura e tutto il successo possibile nella tua presente o futura attività in Cina.

Marco Germani

GIORNO 1:

Concetti base sulla Cina

Le opinioni sulla Cina

Da qualche anno a questa parte, non passa un giorno in cui, sui principali organi informativi del nostro paese, nel bene o nel male, non sia nominata la Cina. La straordinaria crescita economica di questo paese nell'ultimo ventennio l'ha portata a essere una delle maggiori potenze mondiali; i suoi eccessi, le sue contraddizioni, le enormi opportunità di business che essa offre hanno costantemente attratto l'interesse e la curiosità dei media internazionali e conseguentemente delle masse.

La Cina è uno di quei soggetti sui quali è difficile restare completamente indifferenti. Ognuno di noi ha una sua opinione in merito, positiva o negativa che sia. Prova a chiedere a un tuo amico, collega o conoscente cosa pensi della Cina e dei cinesi e, con molta probabilità, lo sentirai esprimere le sue opinioni su questo tema in modo estremamente passionale. È molto improbabile che qualcuno ti risponda: "Non saprei, non so nulla su questo argomento e non mi interessa".

Secondo la mia personale esperienza esistono, in questo contesto, tre distinte categorie di persone:

- quelle che si soffermano sull'aspetto sociale/politico, di solito esprimendo sdegno e indignazione per qualche argomento specifico, che può essere l'inquinamento, la povertà degli operai cinesi, la questione del Tibet, il regime comunista o quant'altro;

- quelle che vedono la Cina come una minaccia per l'Italia e per l'Occidente intero e che lamentano la perdita dei posti di lavoro in Europa a causa della mano d'opera cinese a basso costo, i prodotti di scarsa qualità che rappresentano un potenziale pericolo la nostra salute, la concorrenza sleale che le imprese cinesi operano sui mercati internazionali e così via;

- coloro che vedono nella Cina una grande opportunità di business, per loro stessi e per l'Occidente in generale, e ne apprezzano, di conseguenza, la strepitosa crescita oltre a considerare le innumerevoli opportunità di profitto che potrebbero essere messe a punto in questo paese.

SEGRETO n. 1: la maggior parte delle persone oggi ha una precisa opinione sulla Cina e tende a concentrarsi principalmente su uno dei tre punti di vista più diffusi sull'argomento.

Se stai leggendo questo ebook, posso immaginare che probabilmente tu appartenga al terzo gruppo, anche se, come è giusto che sia, avrai sicuramente considerato anche i primi due, dato che si tratta di problemi reali e non immaginari.

Ad ogni modo, chi è attratto dalle opportunità di business in Cina frequentemente sta pensando a una delle quattro seguenti alternative:

- vendere un prodotto in Cina;
- acquistare un prodotto dalla Cina;
- trovare un partner industriale o iniziare a produrre industrialmente in Cina (sia per esportare all'estero che per vendere nel mercato cinese);
- aprire una propria attività commerciale o di servizi in Cina (ad esempio un ristorante, una società di consulenza per aziende italiane, una società di logistica ecc.).

Tutte e quattro queste attività presentano molte insidie ma, se affrontate nel modo giusto, possono portare notevoli soddisfazioni economiche e personali a chi le intraprenda.

Nei prossimi capitoli di questo ebook saranno esaminate nel dettaglio, cercando di evidenziare quali siano i fattori principali che ne possono determinare il successo.

Le grandi opportunità della Cina

Andiamo ora a esaminare in modo razionale, analizzando fatti concreti, quali siano le principali attrattive di *business* della Cina.

Come certamente già sai, nel corso degli ultimi 25 anni, la Cina da stato socialista è diventata uno stato semi-capitalista, grazie principalmente all'ampliarsi delle vedute e all'opera del *leader* politico Deng Xiaoping, definito "il padre del risveglio cinese" e considerato il teorico del cosiddetto "socialismo di mercato". Di questo carismatico *leader* politico viene spesso ricordata la significativa frase rivolta al popolo cinese: "arricchirsi è glorioso", che ha in qualche modo aperto la via al nuovo sviluppo economico cinese.

Il sistema "misto" adottato in Cina, con uno stato centralizzato di tipo socialista e un partito unico al potere ma con logiche di mercato tipiche di un modello capitalista, è stato negli anni nel mirino di critici e di detrattori ma, per moltissimi aspetti, non si può negare che abbia prodotto straordinari risultati per il paese.

Per illustrare questa situazione anomala, in Cina è diffusa una breve freddura che recita: "Deng Xiaoping è in macchina con il suo autista quando arrivano a un incrocio; a sinistra è indicato "comunismo" e a destra "capitalismo". L'autista, indeciso, chiede a Deng cosa fare e quest'ultimo risponde: "Nessun problema, metti la freccia a sinistra e gira a destra!""

Battute a parte, la visione di Deng Xiaoping ha portato la Cina ad attrarre negli ultimi anni oltre 700 miliardi di dollari americani di investimento produttivo straniero, con oltre 70 miliardi di dollari in un solo anno, molto più di qualunque altro paese al mondo finora. Al momento della stesura di questo ebook, la Cina è la seconda potenza economica mondiale, dopo gli USA e davanti a Giappone e Germania. Il suo PIL, attualmente pari circa a un terzo di quello americano (le cifre più aggiornate al momento parlano di 4,9 trilioni di USD), secondo gli esperti diventerà pari a circa la sua metà entro il 2014.

Alcuni studiosi hanno previsto che la Cina diventerà la prima economia mondiale entro il 2025. L'attuale presidente della Repubblica Popolare Cinese, Hu Jintao, ha recentemente commentato questa previsione nel modo seguente: "Quando la Cina tornerà ad essere la prima economia mondiale, le lancette della storia saranno tornate al proprio posto", riferendosi al fatto che, per molti secoli in passato, la Cina lo è effettivamente stata (come vedremo meglio nel prossimo capitolo riguardante la storia della Cina).

Il basso costo della mano d'opera ha naturalmente attratto le imprese straniere, che hanno spostato in Cina gran parte della loro produzione, rifornendo grazie a quel paese tutti i mercati in cui erano già *leader* affermate. Ecco perché sulla maggioranza dei prodotti che utilizziamo quotidianamente è apposta la dicitura "made in China". Questa soluzione si è spesso rivelata vantaggiosa per tutte le parti coinvolte: ha creato occupazione e contribuito a generare ricchezza in Cina, ha generato maggiori utili per le società produttrici e ha permesso a noi consumatori di accedere a una grande quantità di prodotti a prezzo ridotto, il che sarebbe stato altrimenti impossibile.

SEGRETO n. 2: il sistema di interscambio commerciale tra la Cina e il resto del mondo, pur con le sue criticità e i suoi punti di miglioramento, funziona e porta oggettivamente più benefici che svantaggi collettivi.

A questo punto, probabilmente, starai provando una sorta di reazione emotiva a queste parole, forse pensando alle precarie condizioni di lavoro degli operai cinesi (che spesso non sono così svantaggiose come si tende a credere, come vedremo più avanti), oppure starai pensando con risentimento alle grandi multinazionali il cui unico obiettivo è quello di arricchirsi, non rispettando l'ambiente e le persone.

Forse starai pensando che i prodotti fabbricati in Cina venduti sui nostri mercati sono spesso economici ma di bassa qualità o, ancora, che la mano d'opera cinese a basso costo ha purtroppo generato in Europa delle forti perdite di posti di lavoro. Bene, nessuno ha mai affermato che questo sistema sia perfetto né che non ci siano punti da migliorare!

Basandoci sui fatti, però, non possiamo non affermare che questo sistema, da un punto di vista economico, stia in gran parte funzionando, e stia creando sicuramente dei benefici per tutti, a prescindere dalle nostre osservazioni personali di carattere etico.

La Cina, infatti, sta diventando anche uno dei maggiori produttori mondiali di merci ad alto valore aggiunto, come ad esempio semiconduttori, telefoni cellulari e computer, che tutti utilizziamo quotidianamente e che contribuiscono al continuo miglioramento della nostra qualità di vita.

Sorprendentemente, il costo del lavoro in Cina non è nemmeno uno dei più bassi dell'intera Asia: in Vietnam, in Birmania o in Indonesia il costo del lavoro è oggi inferiore a quello cinese, ma, diversamente dalla Cina, questi paesi non possiedono ancora la filiera industriale necessaria per ospitare agevolmente fabbriche straniere, dato che le infrastrutture logistiche sono ancora a dir poco arretrate e il loro grado di industrializzazione generale (a partire dalla disponibilità delle *utilities* industriali, fino alla facilità di approvvigionamento di materie prime e componenti) renderebbe quantomeno problematica la normale attività produttiva di una fabbrica moderna. Le società straniere continuano quindi a essere attratte dalla Cina e questa situazione probabilmente durerà ancora per molti anni.

Un'altra grande attrattiva della Cina è la dimensione del mercato interno. Grazie proprio all'ondata di investimenti esteri precedentemente descritta, i salari medi dei cinesi si sono alzati. La conseguenza diretta di questo aumento dei salari è stata il crearsi di una nuova fascia sociale di cinesi, ovvero i cosiddetti "ricchi" con reddito medio paragonabile a quello europeo o americano.

Vi sono stime attuali di circa 200 milioni di cinesi "ricchi", destinati a diventare, secondo gli esperti, circa il doppio nel giro dei prossimi dieci anni. Sono tutti potenziali acquirenti di prodotti stranieri importati, specialmente prodotti di consumo e servizi finanziari.

La vendita al dettaglio in Cina sta crescendo in maniera drammatica e le vendite interne, secondo recenti studi, raggiungeranno l'astronomica cifra di un trilione di USD nei prossimi anni. Attualmente ci sono oltre 20 milioni di negozi, outlet, supermarket, ipermercati e negozi di abbigliamento, concentrati principalmente nella Cina orientale.

Per quanto riguarda i servizi, con un tasso di risparmio medio del 50%, i nuovi cinesi ricchi costituiscono un mercato interessantissimo per tutte le società che offrano servizi finanziari, piani di investimento, consulenza strategica, contabilità, servizi legali ecc.

I cinesi appartenenti a questa classe sociale sono, infatti, disposti a pagare la maggiore esperienza di *business* con cui società occidentali, già attive da molto tempo con successo in questi settori, possono valorizzare il mercato cinese. Non a caso, praticamente ognuna delle società classificate negli USA nella lista "Fortune Global 1000" ha già un ufficio in Cina e sta sfruttando queste opportunità di business.

Infine, un'altra grande attrattiva della Cina è l'approvvigionamento di materie prime a basso costo. La Cina è stata definita "la fabbrica del mondo" (come l'India è stata definita "l'ufficio del mondo") e questa definizione non è certo casuale.

Sempre più società in tutto il mondo stanno acquistando materie prime per i loro processi produttivi, semilavorati o parti di produzione, da produttori cinesi. Alcune multinazionali sono arrivate a spostare il loro ufficio acquisti globale direttamente sul territorio cinese, per poter maggiormente trarre vantaggio da questo scenario.

Allo stesso tempo, la Cina sta investendo pesantemente nella costruzione di infrastrutture interne, che permetteranno una mobilità di merci sempre più agevole e determineranno un abbassamento dei costi di logistica legato a questo tipo di operazioni.

Perché molte aziende italiane hanno fallito in Cina

A giudicare dall'alto grado di insuccesso di aziende italiane operanti in molti settori diversi e con dimensioni aziendali diverse, non affermiamo nulla di nuovo se diciamo che fare affari in Cina non è facile.

I motivi di insuccesso, nella grande maggioranza dei casi, possono essere ricondotti a delle ragioni comuni. La lista qui sotto, intesa come non esaustiva (ci sono sicuramente molte altre possibili cause di insuccesso rispetto a quelle citate!), intende elencare i motivi più spesso ricorrenti per cui alcune aziende italiane non hanno visto premiati finora i loro sforzi in terra cinese.

1. *Sono state sottovalutate la distanza geografica e la barriera linguistica.* Questi due aspetti, per quanto ovvii, sono troppo spesso sottovalutati. "La Cina è vicina" è solo una simpatica assonanza linguistica in realtà molto distante dalla realtà.

La Cina infatti per noi è lontana, ci vogliono circa 12 ore di aereo (quando non si incorra in intralci e si possa volare senza scali verso la propria destinazione finale), ci sono sei o sette ore di fuso orario (in base alla presenza o meno dell'ora legale nel nostro paese) e la lingua cinese è assolutamente incomprensibile a chi non ne abbia precedentemente intrapreso lo studio.

Fare affari in Cina vuol dire, a intervalli più o meno regolari, essere presenti sul territorio cinese e dover fare i conti con questi "dettagli", che richiedono una certa dose di preparazione e di organizzazione per essere affrontati. È sorprendente constatare come alcuni imprenditori italiani non diano il giusto peso a questi fattori, trovandosi poi in difficoltà che avrebbero tranquillamente potuto evitare con l'adeguata preparazione.

2. *È stata sottovalutata la differenza di mentalità tra noi e i cinesi.* Fare affari in Cina vuol dire inderogabilmente interagire, negoziare e costruire relazioni personali e professionali con persone cinesi. Ora, questo straordinario popolo, come molti altri popoli asiatici, è spesso molto diverso da noi in quanto a mentalità, abitudini, modo di gestire le trattative e le negoziazioni, etichetta nel *business* ecc. Solo chi voglia dedicare del tempo, possibilmente in modo preventivo, alla ricerca e alla

comprensione di questi fattori, potrà massimizzare le proprie possibilità di successo quando si troverà a fare affari in Cina.

3. *Si è pensato di poter affrontare la Cina senza effettuare alcun investimento economico iniziale.* Qualsiasi attività di *business* si decida di intraprendere in Cina, vista la complessità e la difficoltà intrinseca, fisiologica di ogni progetto in questo paese, necessita per forza di cose di alcuni investimenti economici iniziali, che potranno essere abbondantemente recuperati una volta che il business sarà profittevole ma che, almeno inizialmente, devono essere stanziati.

Questo concetto è di difficile comprensione per molti imprenditori italiani, che vorrebbero che le proprie attività in Cina iniziassero a finanziarsi da sole immediatamente e che, di conseguenza, sembrano restii a fare il primo passo quando si tratta di investire denaro.

Ovviamente ogni investimento deve essere scrupolosamente valutato, ne devono essere previsti gli obiettivi e i ritorni e deve far parte di un piano strategico generale tracciato dall'impresa (un vero e proprio *business plan* per la Cina).

Gli investimenti possono essere di molti tipi diversi: sconti iniziali sul prodotto (se si vende) o pagamenti anticipati (se si compra), su primi carichi di merce, marketing, promozione, partecipazione a fiere di settore, consulenze di esperti presenti in loco che fungono da intermediari ecc.; molto spesso le somme richieste non sono ingenti.

Tuttavia, la barriera psicologica di molti imprenditori italiani rende questo punto uno delle cause più comuni di fallimento delle aziende italiane in Cina.

4. *Si è pensato di poter gestire il business in Cina a distanza.* Molte aziende, pur seriamente intenzionate a fare *business* in Cina, fanno l'errore di credere che la presenza assidua in loco di proprio personale, in particolare dell'imprenditore stesso (se parliamo di piccole e medie imprese) o di personale dirigente (nel caso di aziende più grandi) sia un fattore superfluo per lo sviluppo del *business*.

Ritengono quindi di poter gestire la loro operazione in Cina dall'Italia, magari con un paio di viaggi all'anno per fare il punto della situazione.

L'esperienza di molte aziende dimostra che questo modello non funziona. Decidere di fare affari in Cina vuol dire, almeno nella fase di *startup* del progetto, pensare a una presenza assidua sul territorio cinese: questo è l'unico modo per instaurare solide relazioni di *business* con i partner, gestire le proprie risorse e rendersi conto sul campo della realtà del mercato cinese.

5. *Si è stati approssimativi nella gestione del proprio team cinese.* Molto spesso, per poter operare con successo in Cina, si rende necessaria la costituzione di un team di proprie risorse cinesi, cui affidare compiti logistici e amministrativi strategici che solo una persona di fiducia che conosca la lingua cinese (e una seconda lingua di comunicazione con noi, l'inglese o l'italiano) può portare a temine.

Spesso queste risorse, selezionate dall'azienda in modo troppo approssimativo, si rivelano assolutamente inadeguate, e in grado da sole di annullare le possibilità di successo di quest'ultima. Su come gestire al meglio un team in Cina, vedremo alcuni suggerimenti utili in un prossimo capitolo.

6. *Si è scelto il partner cinese sbagliato.* Le storie di aziende italiane o estere che hanno fondato delle *joint venture* commerciali e produttive con partner cinesi, poi terminate in vere e proprie battaglie legali, non si contano.

Si evince ancora una volta che scegliere un partner cinese non è facile. Ci sono però una serie di accorgimenti, che vedremo più avanti in questo ebook, che possono in qualche modo minimizzare il rischio di mettersi in società con un partner disonesto o con un'azienda che, appena giriamo le spalle, sia pronta a piantarci un coltello nella schiena, come si è verificato metaforicamente tante volte in passato.

7. *Non sono stati definiti obiettivi precisi e un piano strategico efficace per conseguirli.* Questo punto, da valutare in occasione di ogni nuovo progetto che un'azienda decida di intraprendere, è troppo spesso trascurato ed è un'altra delle cause più comuni di

insuccesso in Cina. Capire cosa si voglia ottenere dal progetto, con che mezzi, con quale orizzonte temporale, oltreché definire tutti i dettagli con un *business plan* serio, dovrebbe essere uno dei punti di partenza di ogni azienda che decida di tentare la propria sorte in Cina. Purtroppo spesso non è così, ma le poche aziende che dedicano il giusto tempo e le giuste risorse a effettuare questo processo preventivamente vedono i loro sforzi premiati in maniera decisamente superiore al resto dei loro concorrenti.

SEGRETO n. 3: le ragioni per cui molte aziende italiane hanno fallito in Cina possono essere ricondotte a dei motivi fondamentali comuni.

Sei pronto per la Cina?

Cerchiamo ora di capire quali siano le caratteristiche e le prerogative che un'azienda che decida di iniziare un'attività di *business* in Cina deve avere, per non partire già con un notevole *handicap* e vedere le proprie possibilità di successo ridotte al lumicino.

Va detto, infatti, che alcuni imprenditori italiani si approcciano alla Cina per motivi quali:

- il fatto che sia un argomento di attualità;

- il dover considerare le mosse della concorrenza già operativa in quel paese;

- il non poter ignorare, per il successo della propria azienda (nel settore in cui opera), la possibilità di sfruttare le occasioni che la Cina offre;

- l'impossibilità di tornare ad essere competitivi senza adeguarsi alla scelta di spostare la sede della propria azienda in Cina.

Ora, queste argomentazioni, seppur sicuramente valide sotto alcuni punti di vista, tralasciano un punto importante: un'analisi sincera e pragmatica della propria realtà attuale, volta a comprendere se la propria azienda sia realmente pronta per affrontare la Cina, oppure se si debba rimandare il progetto di qualche mese o di qualche anno, quando abbia raggiunto i requisiti necessari, indipendentemente dall'attuale scenario di mercato.

Infatti, una decisione presa solo sulla base di fattori esterni, che tralasci lo studio e l'analisi del soggetto principale che dovrà affrontare la Cina, ovvero la propria azienda, può risultare incompleta e ingannevole. A mio giudizio, tra i tanti indicatori chiave che possono rivelare se una certa azienda è pronta per affrontare la Cina o meno, ce ne sono quattro inderogabili, la mancanza dei quali costituisce già un grosso limite intrinseco

Possedere già esperienza internazionale

Se la tua azienda non sta ancora in qualche modo operando su mercati esteri o se la maggior parte del fatturato è prodotto in Italia, o, ancora, se tu stesso hai poca esperienza con l'estero, è assolutamente sconsigliato iniziare dalla Cina!

Questo semplice concetto è incredibilmente ignorato da molti imprenditori italiani, che, solo in un secondo tempo, si rendono conto di non avere la preparazione, la struttura e l'esperienza adeguata per affrontare un paese complesso come la Cina.

La presenza di un dipartimento aziendale preposto all'estero (anche costituito da una o due persone, ma completamente dedicate a questo lavoro), la conoscenza fluente della lingua inglese e la familiarità del personale dell'azienda con tutti i dettagli relativi al commercio con l'estero, sono fattori indispensabili per il successo in Cina ed è impensabile utilizzare proprio questo paese come banco di prova o "palestra" per acquisire queste competenze. Sarebbe come voler iniziare a fare l'alpinista scalando l'Everest!

Avere capacità di investimento iniziale provenienti da utili in altri mercati

Abbiamo già detto che fare affari in Cina richiede degli investimenti iniziali, che solo con un lavoro paziente e mirato possono essere recuperati nel tempo e generare ritorni anche molto interessanti (che è poi l'obiettivo principale di qualsiasi nuova attività di business).

Un'azienda che decida di fare affari in Cina, in una qualunque delle modalità che abbiamo descritto precedentemente, deve assicurarsi di avere dei capitali, anche minimi, da poter destinare a questo progetto, senza alcuna sicurezza di riuscita. Ciò può avvenire solo nel caso di aziende abbastanza mature, che stiano già operando con successo su mercati domestici e più semplici da gestire (almeno in termini logistici: nessun mercato è intrinsecamente semplice, come ogni imprenditore sa bene) e possano dedicare una parte degli utili generati da questi mercati allo sviluppo in Cina.

Avere il supporto diretto dell'imprenditore o della dirigenza aziendale

Un altro punto importante è il coinvolgimento diretto dell'imprenditore o dell'amministratore delegato dell'azienda.

Molto spesso, in un'azienda, l'idea di investire in Cina nasce per iniziativa di qualche manager intraprendente, che ha un'ottima visione riguardo allo sviluppo di questo paese, ma che spesso vede i suoi sforzi non supportati da una precisa volontà dell'azienda in quel senso, semplicemente perché il *decision maker* principale, ovvero colui che ha l'ultima parola sullo stanziamento degli investimenti, sull'approvazione di piani strategici e sull'operatività in Cina, non è realmente convinto della bontà progetto e, in cuor suo, non crede molto alla possibilità di realizzarlo.

Secondo la mia esperienza, in questi casi è difficilissimo che l'azienda abbia successo in Cina. La convinzione iniziale e la visione sono alla base di tutto: "vedere per credere" in Cina funziona raramente, bisogna prima credere per poi vedere i risultati!

Avere un supporto locale per capire il sistema legale e governativo cinese

Fare affari in Cina vuol dire inevitabilmente avere a che fare con le leggi e la burocrazia cinese, il che può essere complicato. La pessima reputazione della burocrazia cinese è del tutto meritata e ogni azienda che intenda avere successo in Cina deve armarsi di massicce dosi di pazienza, perseveranza e soprattutto farsi aiutare da esperti che capiscano a fondo come muoversi tra le sue complicate maglie.

Tuttavia, va anche detto che la Cina, nel suo intento di attrarre investitori stranieri, sta da anni attuando un processo di eliminazione degli ostacoli burocratici che possono presentarsi sulla strada di una società straniera che venga a fare affari nel paese. Questo processo è lungi dall'essere completato ma ci sono buone speranze per il futuro.

SEGRETO n. 4: prima di pensare a fare affari in Cina bisogna verificare se effettivamente si sia pronti e se si abbiano tutte le caratteristiche necessarie per massimizzare le proprie possibilità di successo.

Come affrontare la Cina

Abbiamo visto nei paragrafi precedente le caratteristiche che la tua azienda dovrebbe avere per poter decidere seriamente di iniziare a fare affari in Cina. Vediamo ora in che modo, una volta verificate le caratteristiche di cui sopra, potresti iniziare a pensare concretamente di muovere i primi passi verso la Cina.

Ho approntato una checklist che intende fornirti dei suggerimenti su quelle che possono essere le migliori azioni da intraprendere nella fase preliminare di analisi di un tuo eventuale progetto in Cina.

1. *Acquisire quante più informazioni possibili sulla Cina.* Al giorno d'oggi, dal tuo ufficio e tramite internet, hai già accesso a una quantità enorme di informazioni sulla Cina. Puoi iniziare ad analizzare siti specializzati su questo paese che forniscano

consigli su come affrontare il progetto, leggere libri di business e di cultura cinese; insomma puoi iniziare a farti una cultura sul pianeta Cina che ti tornerà estremamente utile in seguito.

Parlare con persone che già lavorano in Cina o che abbiano esperienza in questo settore potrebbe rivelarsi molto fruttuoso; entrare in contatto con consulenti specializzati sulla Cina (senza alcun investimento economico in questa fase, come mi sento di consigliarti) può contribuire a chiarirti le idee su alcuni aspetti base di questo complesso soggetto.

2. *Andare fisicamente in Cina.* Chiunque sia interessato seriamente a fare affari con la Cina, deve mettere necessariamente in programma un primo viaggio esplorativo del paese, con permanenza di almeno una settimana.

Ovviamente questo viaggio non deve essere inteso come una gita turistica (anche se io consiglio sempre di trovare un po' di tempo per attività extra-lavorative in Cina, vista la sua ricchezza culturale) ma deve avere obiettivi di business precisi.

Il viaggio va adeguatamente preparato. Il mio consiglio è quello di mettere per iscritto una lista di finalità, con due o tre obiettivi principali e altri secondari. Il solo fatto di essere presente in Cina, specialmente se è la tua prima volta, può fornirti maggiori indicazioni di quante tu non ne possa acquisire documentandoti e parlando con altre persone in Italia.

Potresti capire che l'ambiente, le persone, il sistema di vita, sono agli antipodi rispetto a quello che personalmente consideri comodo o conveniente e decidere, di conseguenza, di non voler avere più nulla a che fare con questo paese ancora prima di iniziare; al contrario potresti innamorarti della Cina e decidere di profondere ancora maggiori energie nel tuo processo di internazionalizzazione della tua azienda.

Nei capitoli successivi vedremo, a seconda dei differenti casi di business analizzati, come dovrebbe essere impostato questo primo viaggio.

3. *Definire chiaramente i tuoi obiettivi per la Cina.* In base alle informazioni che hai raccolto e alla conoscenza del settore in cui

operi, quali sono gli obiettivi finali di business che ti puoi porre, operando con la Cina? Vuoi vendere loro il tuo prodotto o comprare da loro le materie prime per produrlo? Entrambe le cose? Vuoi trovare un partner industriale per terzializzare parte della tua produzione oppure realizzare una tua fabbrica sul territorio cinese?

Può sembrare strano ma ho visto imprenditori parlare di Cina senza aver preventivamente fatto questa semplice analisi qualitativa.

4. *Definire chiaramente la strategia per raggiungere quegli obiettivi*. Vuoi creare una tua realtà aziendale propriamente cinese o un ufficio di rappresentanza della tua società italiana? Vuoi assumere staff cinese o mandare parte del tuo personale in Cina in modo permanente? Ancora, intendi gestire il business cinese a distanza con frequenti viaggi del tuo *export manager*?

Per ottenere le risposte a queste domande, bisogna ovviamente studiare e documentarsi; in questo caso potrebbe essere utile l'aiuto di consulenti seri e preparati, specializzati sulla Cina, che abbiano già preso parte a questo tipo di progetti e possano mettere a tua disposizione la loro esperienza. Per entrare in contatto con loro, il mio consiglio è di rivolgerti a società serie, presenti sul mercato da molti anni e con solide referenze di clienti soddisfatti. Sono numerose e puoi trovarle facilmente usando internet o chiedendo referenza ad altre aziende con cui sei contatto che abbiano ottenuto con loro risultati concreti e soddisfacenti.

5. *Creare un business plan per il tuo progetto cinese.* Come abbiamo visto in precedenza, un progetto di investimento in Cina deve essere affrontato esattamente come se fosse una tua nuova iniziativa imprenditoriale. Un semplice e conciso *business plan*, in cui siano quantificati gli obiettivi che hai precedentemente definito, gli investimenti di massima previsti, i ritorni e le tempistiche attese, l'impiego di risorse necessario e quanti più possibili dettagli relativi alla tua operazione in Cina, può risultare prezioso per farti partire con il piede giusto. Nei prossimi capitoli vedremo, a seconda del tipo di business di interesse, come dovrebbe essere composto questo *business plan*.

Ora che abbiamo affrontato gli argomenti preliminari in merito a come dovrebbe essere l'approccio alla Cina in previsione di un investimento, nel prossimo capitolo ci addentreremo maggiormente nella conoscenza del paese e delle logiche sociali e di business in esso vigenti.

SEGRETO n. 5: per muoversi concretamente verso la realizzazione di un business in Cina bisogna intraprendere una serie di azioni preliminari che possono massimizzare il successo finale dell'operazione.

RIEPILOGO DEL GIORNO 1:

- SEGRETO n. 1: quasi tutti hanno una loro precisa opinione sulla Cina e tendono a concentrarsi principalmente su uno dei tre punti di vista più diffusi sull'argomento.

- SEGRETO n. 2: il sistema di interscambio commerciale tra la Cina e il resto del mondo, pur con le sue criticità e i suoi punti di miglioramento, funziona e porta più benefici che svantaggi collettivi.

- SEGRETO n. 3: le ragioni per cui molte aziende italiane hanno fallito in Cina possono essere ricondotte a dei motivi fondamentali comuni.

- SEGRETO n. 4: prima di fare affari in Cina bisogna verificare se effettivamente si sia pronti e se si abbiano tutte le caratteristiche necessarie per massimizzare le proprie possibilità di successo in questo paese.

- SEGRETO n. 5: per muoversi concretamente verso la realizzazione di un business in Cina bisogna intraprendere una serie di azioni preliminari che possono massimizzare il successo finale dell'operazione.

GIORNO 2:

Conoscere la Cina

Cenni di storia della Cina

Conoscere almeno le basi della storia di un paese estero in cui si decida di fare affari può rivelarsi un'ottima idea, sia da un punto di vista di cultura personale che da uno più strettamente pragmatico: la conoscenza delle vicende socio-culturali cinesi, per esempio, può aiutare in modo sostanziale a capire come si è giunti allo scenario socio-economico attuale e soprattutto può fornire maggiori dettagli sulla mentalità e le pratiche sociali e di business delle persone con cui si andrà a interagire.

Inoltre, mostrare una certa conoscenza della storia della Cina fornirà ai tuoi futuri partner cinesi l'immagine di una persona seria e motivata ad avere successo in questo contesto, che abbia speso del tempo a documentarsi su tale argomento.

A questo proposito, si può citare un noto aneddoto avvenuto nel

1972, quando l'allora segretario di stato americano Henry Kissinger, in occasione di un suo viaggio in Cina, incontrò il capo del governo cinese Zhou Enlai. In quell'occasione, gli chiese come mai fosse così difficile per gli occidentali capire la Cina e si sentì rispondere con disarmante semplicità: "Esiste un solo modo per conoscere la Cina: studiarla".

La Cina ha una storia millenaria quindi verranno esposti qui di seguito solo alcuni avvenimenti salienti che possano essere utili ai fini di questo ebook (nel caso tu possa essere interessato ad approfondire l'argomento, esiste una vastissima letteratura in merito).

Le prime tracce di civiltà cinese risalgono a oltre 4000 anni fa, ma solo nel 221 a.C. sarà fondata la Cina imperiale da parte del primo imperatore Qin Shi Huang, appartenente alla dinastia Qin. A Qin si deve non solo l'unificazione del paese, ma anche la standardizzazione del linguaggio scritto, l'avvio della costruzione della Grande Muraglia e l'ideazione del famoso esercito di terracotta di Xi'an. Il sistema imperiale creato da Qin sarebbe durato per oltre 2000 anni. Durante questo periodo la Cina fece enormi progressi, ad esempio in campo medico, militare e agricolo, che la resero la più avanzata civiltà del mondo per un lunghissimo periodo.

All'inizio del ventesimo secolo, l'epoca imperiale volse a conclusione. A partire dalla metà del diciannovesimo secolo, infatti, la Cina iniziò ad avere problemi con l'Occidente, che stava in quegli anni entrando nell'epoca dell'Imperialismo. Molti paesi occidentali iniziarono a manifestare mire di conquista nei confronti della Cina e a voler espandere i loro commerci all'interno di questo vasto mercato.

I britannici, ad esempio, instaurarono con la Cina un prospero commercio di oppio, nonostante questa sostanza fosse illegale in entrambi i paesi e ciò fu la causa di due distinte guerre. La Cina ne uscì sconfitta e, come condizione di resa, fu costretta ad aprire le sue porte al commercio con l'estero, pagare le spese di riparazione dei danni di guerra e, non ultimo, concedere al Regno Unito l'isola di Hong Kong, con un contratto della durata di 99 anni, recentemente scaduto (nel 1997) con la conseguente riannessione dell'isola alla Repubblica Popolare Cinese.

Altre nazioni, come il Giappone e la Russia, ebbero un simile comportamento costringendo la Cina ad accettare trattati che la penalizzavano pesantemente, fino a giungere a un punto nel quale erano in pratica gli stranieri a fare la legge in Cina; i cinesi si trovarono nella paradossale situazione di essere governati da forze straniere sul loro stesso territorio.

Questa sorta di oppressione straniera ha purtroppo condizionato in parte la mentalità cinese e, ancora oggi, molti cinesi sono tendenzialmente diffidenti nei confronti degli stranieri.

Il 1911 vide la capitolazione dell'ultima dinastia cinese, sotto il sempre crescente influsso delle forze straniere e anche di pressioni interne, con il paese in una preoccupante condizione di povertà. Al leader Sun Yat-sen si attribuisce la fondazione della Cina moderna: fu suo, infatti, il primo tentativo di unificare il paese sotto un nuovo governo democratico.

In realtà non riuscì completamente nell'impresa e uno dei suoi seguaci, Chiang Kai-shek, prese il controllo del neonato Partito Nazionale, denominato KMT. Nel frattempo, una nuova fazione politica chiamata Partito Comunista Cinese (CCP) stava sorgendo in opposizione al KMT.

Presto si giunse alla guerra civile tra le due forze, una guerra che, dai primi anni '20, sarebbe durata fino al 1950. Nel frattempo, un giovane chiamato Mao Zedong si stava distinguendo nella battaglia politica, fino al punto da, il primo Ottobre 1949, quando finalmente l'armata rossa sconfisse il Partito Nazionale, riuscire a conquistare la *leadership* dando così vita ufficialmente alla Repubblica Popolare Cinese. I membri del Partito Nazionale si rifugiarono a Taiwan; il Partito Nazionale a Taiwan dichiara ancora oggi la propria indipendenza dalla Cina, acuendo un contrasto che non si è ancora completamente appianato.

Nel 1954 Mao Zedong fu eletto presidente del Partito Comunista Cinese. Il suo obiettivo era quello di fare della Cina un grande paese socialista e una grande potenza mondiale. La realtà fu però diversa. Dopo decadi di guerra civile, il paese era nel caos, con centinaia di milioni di contadini che pativano letteralmente la fame.

Mao prese in prestito il modello russo e creò il suo primo piano quinquennale, che prevedeva una massiccia industrializzazione della Cina. La Russia inviò oltre 10.000 ingegneri industriali in Cina e il paese iniziò rapidamente a svilupparsi. Nel 1958, Mao lanciò l'idea del "Grande balzo in avanti", una politica che prevedeva un massiccio ritorno all'agricoltura, imponeva la collettivizzazione delle coltivazioni e una forte incentivazione della piccola industria rurale.

La politica di Mao promuoveva anche uno spiccato culto della sua immagine: il suo ritratto e la sua faccia fungevano da collante per un paese che cercava in ogni modo di unirsi sotto uno stesso ideale. I risultati di queste scelte, però, furono a dir poco disastrosi. Complice anche una siccità senza precedenti che colpì il paese in quegli anni, la Cina affrontò una delle maggiori carestie nella storia mondiale, durante la quale milioni di persone morirono letteralmente di fame.

Molti iniziarono a credere che il sogno di una Cina completamente basata sul modello comunista fosse solo un'utopia.

Ancora oggi, la versione ufficiale del governo cinese è che Mao è stato un eroe per la Cina e ha fatto cose giuste per il 70% della sua attività politica e cose "discutibili" per il restante 30%, il che, vista la proverbiale diplomazia dei cinesi, può fare riflettere.

Nel 1976, un giovane leader chiamato Deng Xiaoping succedette a Mao come presidente della Cina; toccò a lui l'arduo compito di rimediare agli sbagli del suo predecessore.

A riguardo della già citata disputa tra capitalismo e comunismo, è rimasta celebre la sua frase: "non importa se il gatto è bianco o nero, l'importante è che catturi i topi", che lasciava intendere che l'ideologia era chiaramente messa in secondo piano a fronte di gravi e urgenti questioni sociali.

A Deng si deve la creazione della politica delle "porte aperte", che ha permesso agli investitori stranieri di avere accesso alla Cina per la prima volta dalla fondazione della Repubblica Popolare. Nei primi anni '80 la Cina aprì le sue prime Zone Economiche Speciali (SEZ), con lo scopo di facilitare ulteriormente l'inserimento di fabbriche straniere. Questa mossa si rivelò di grande successo, così come la decisione di permettere l'acquisto da parte di privati (inizialmente solo cinesi) delle fabbriche statali.

Tramite queste operazioni moltissimi piccoli imprenditori cinesi hanno fatto fortuna, acquistando a prezzi estremamente convenienti delle realtà produttive fino ad allora gestite dallo Stato che, opportunamente amministrate con un'ottica di profitto, hanno in seguito fruttato loro enormi ricchezze.

Il sistema attualmente in vigore in Cina è stato definito "socialismo di mercato" e si basa in larga parte sulla richiesta e l'offerta del mercato stesso, senza grosse interferenze da parte del governo.

I cinesi si sentono molto simili a noi italiani, dato che entrambi i nostri paesi possono vantare una storia millenaria, a differenza ad esempio degli Stati Uniti o di altri paesi più "giovani". Molti cinesi mi hanno fatto presente questa analogia con il nostro paese, che evidentemente è molto sentita nella loro coscienza popolare. Inoltre, il fatto che il nostro paese non sia mai stato in conflitto con il loro (in altre parole non abbia mai cercato di invaderli o di usurparne il territorio) contribuisce a rafforzare l'ottima impressione che generalmente i cinesi hanno dell'Italia e degli italiani. Questo fattore non deve essere trascurato quando si iniziano a instaurare relazioni di business con i cinesi in quanto rappresenta sicuramente un vantaggio per noi rispetto ad altre nazioni del mondo dai trascorsi tumultuosi con la Cina.

SEGRETO n. 6: conoscere le basi della storia cinese può rivelarsi molto utile per capire la mentalità e il *background* dei cinesi, oltre che per mostrarsi seri e motivati a fare affari in Cina.

Cenni sul sistema di governo cinese

Conoscere almeno qualche informazione di base sul sistema di governo cinese può rivelarsi estremamente utile quando si fanno affari in Cina. Prima o poi, infatti, ti troverai ad avere a che fare con qualche ufficio governativo o a dover richiedere qualche autorizzazione, qualche documento.

Il comunismo, come tutti sanno, è un'ideologia che si basa sulla ridistribuzione delle risorse di un paese: coloro che hanno maggiore capacità e abilità nel produrre risorse devono sostentare anche quelli che, avendo meno abilità, hanno maggior bisogno. Nella pratica, un unico partito politico controlla l'attività sociale, politica ed economica del paese.

Tecnicamente, l'esistenza di altri partiti, oltre a quello Comunista, in Cina è permessa e, in effetti, sono presenti anche altri partiti minori, ma tutti legati al Partito Comunista e con l'obiettivo di supportarne l'attività.

La struttura di governo in Cina è costituita da tre organi distinti:
1. il Partito comunista cinese, che fa le leggi e determina la direzione generale del paese;
2. il Consiglio di Stato, che implementa ed esegue le direttive politiche attraverso vari dipartimenti, consigli e ministri;
3. la forza militare, detta Esercito Popolare di Liberazione, che fornisce il controllo militare e la sicurezza al paese.

Il partito comunista cinese, fondato a Shanghai con meno di 100 membri nel 1921, ora ha sede a Pechino e vanta circa 70 milioni di membri. Da notare che questa cifra costituisce solo una piccolissima percentuale dell'intera popolazione; quindi, contrariamente a ciò che si potrebbe pensare, nel partito è presente solo un'elite del popolo cinese, che definisce le strategie e le leggi per il resto della popolazione.

Entrare nel CCP oggi è estremamente difficile e solo coloro che si distinguono egregiamente nello studio o nella propria attività professionale sono invitati a ricevere la tessera del partito. Per gli altri è necessario che abbiano uno "sponsor" molto forte all'interno del partito stesso, che ne caldeggi e supporti la candidatura.

Interessante spiegare anche il concetto di "democrazia" della Cina comunista, che è intesa come libertà di espressione esclusivamente all'interno del partito. Vi sono, infatti, molte fazioni distinte all'interno del CCP, che quotidianamente si danno battaglia sui temi politici più vari e generano dispute che non hanno nulla da invidiare a quelle del nostro governo.

Al di fuori del partito, invece, non è concessa alcuna libertà di espressione, pena una pesante repressione, come è avvenuto ad esempio con il triste episodio di Piazza Tiananmen a Pechino nel 1989.

Il capo del CCP è il Segretario Generale (attualmente Hu Jintao) e gli ufficiali di più alto grado del partito fanno parte del Comitato Centrale, che rappresenta la maggiore autorità all'interno del CCP.

Per quanto riguarda il secondo organo di governo, il Consiglio di Stato, la sua figura prominente è il Primo Ministro (attualmente Wen Jiabao) e i suoi organi vengono rinnovati ogni cinque anni. Tra di essi c'è il Congresso Popolare Nazionale. Il Consiglio di Stato è il corpo esecutivo principale, ovvero ha il potere di imporre le leggi in Cina.

I ministri e gli ufficiali governativi che dirigono i 28 ministeri cinesi riportano ai *leader* del Consiglio di Stato. Questi ministri includono figure di rilievo come quelli delle Finanze, del Commercio e degli Affari Esteri. Altre istituzioni che riportano al Consiglio di Stato sono ad esempio la Commissione Regolatoria

Bancaria e l'agenzia di stampa governativa (Xinhua News Agency) che controlla completamente l'informazione in Cina.

Le forze armate, infine, contano oltre 2 milioni di soldati. Nonostante sia obbligatorio per ogni maschio cinese di almeno 18 anni iscriversi nei registri dell'esercito e dare la propria disponibilità in caso di bisogno, l'esercito è costituito quasi interamente da volontari. Il compito delle forze armate è quello di supportare, se necessario anche con la forza, le politiche di governo. A capo delle forze armate sono posti membri civili del Partito.

Collegando quanto descritto sopra sul CCP a una mia esperienza diretta, posso ricordare il caso di un mio collaboratore, un ingegnere meccanico molto capace e valido, la cui madre era iscritta al partito comunista. Aveva provato a richiedere l'iscrizione al partito svariate volte, sempre con un'ottima raccomandazione da parte della madre, vedendosela però sempre rifiutare senza un preciso motivo. Evidentemente necessitava di un contatto ancora più forte all'interno del partito, per poter essere accettato.

Un altro aneddoto che può illustrare l'influenza dei membri del partito comunista, riguarda la richiesta del visto per recarsi in Italia, necessario ai cittadini cinesi. La procedura dice che si deve presentare al governo una domanda formale di visto, pagare una somma abbastanza ingente (intorno ai 100 USD, alla stesura di questo ebook) e attendere di essere convocati da un responsabile governativo per una vera e propria intervista, in cui si deve spiegare all'interlocutore lo scopo del viaggio e soprattutto convincerlo che non si intende lasciare la Cina definitivamente e chiedere asilo politico in un altro paese.

Una mia collaboratrice mi raccontava che i membri del partito comunista possono evitare questa fastidiosa e dispendiosa procedura (se la domanda di visto non viene accettata, la somma versata non è comunque restituita, e spesso si deve fare domanda due o tre volte prima di vedersela accettare), passando per un canale preferenziale che consente loro un forte sconto sulla cifra da versare e la sicurezza di ottenere il visto in tempi brevi.

Lo scenario sociale della Cina
Dopo aver trattato le vicende più importanti della storia politica

della Cina, diamo uno sguardo all'attuale scenario sociale e consideriamo come il popolo cinese stia vivendo questa epoca di radicale cambiamento del proprio paese.

Molti occidentali hanno della Cina un'idea inesatta, ritenendo che il partito comunista cinese eserciti un controllo di tipo dittatoriale su tutte le attività economiche e sociali del paese: in realtà non è proprio così. Anche a causa delle sue enormi dimensioni, la Cina non è un paese facile da controllare per un governo centrale e ne sono la dimostrazione le decine di migliaia di manifestazioni popolari di protesta e di malcontento contro il governo che ogni anno vengono registrate su tutto il suo territorio.

Il Partito Comunista, sebbene sia a volte costretto a utilizzare la forza per reprimere questi episodi, ritiene sempre che ciò vada fatto per salvaguardare un bene comune; nonostante ciò, la maggior parte dei cinesi ritiene che l'esistenza del Partito Comunista sia, attualmente, il miglior modo di governare il paese.

I rapidi cambiamenti che stanno interessando la Cina stanno creando inoltre diverse contraddizioni: quando una fabbrica statale viene rilevata da un privato e questo, per renderla produttiva, ha necessità di licenziare alcuni lavoratori, si manifesta una situazione palesemente in contrasto con lo spirito di generare pari opportunità di lavoro per tutti i cittadini, baluardo di ogni ideologia di stampo comunista.

Il governo cinese sta cercando di ovviare a questo problema stanziando risorse per la formazione tecnica e personale di questi operai che perdono il proprio posto di lavoro, allo scopo di renderli più appetibili a nuovi datori di lavoro. Ciò è dovuto anche alla considerazione che individui che perdono il lavoro e non hanno grandi possibilità di un reinserimento professionale rapido potrebbero, alla lunga, generare tensioni sociali all'interno del paese.

Gli investitori stranieri sono visti da sempre con un certo sospetto in Cina. I cinesi sono orgogliosi della loro millenaria cultura e sono consci di essere stati una delle civiltà più avanzate del mondo per molto tempo. Sentono tuttavia di essere stati umiliati da diverse nazioni nei secoli passati e questo ha lasciato un segno sul loro rapporto con gli stranieri.

Solo per citare un esempio, l'invasione giapponese della Cina durante la Seconda Guerra Mondiale, ha lasciato ferite così profonde nella coscienza popolare cinese, che ancora oggi i rapporti tra i due paesi ne risentono. D'altro canto, con spirito concreto i cinesi considerano le opportunità di business offerte dagli investitori stranieri, le quali sono abbastanza interessanti da far dimenticare loro il passato.

Questo contrasto psicologico è comunque presente ed è bene esserne a conoscenza.

SEGRETO n. 7: conoscere le basi della struttura del sistema politico cinese può rendere più agevole lo svolgimento di attività di business in Cina, specialmente per l'ottenimento delle varie autorizzazioni governative necessarie.

Confucio e il confucianesimo

Un altro aspetto importante per capire lo scenario sociale in Cina sono i valori sui quali questa società è fondata, che sono quelli confuciani. Confucio è stato un filosofo cinese vissuto circa 2500 fa che ha dato origine a una corrente di pensiero denominata confucianesimo. Più che una vera e propria religione, essa può essere considerata un sistema filosofico, che influenza fortemente la politica e la morale del paese.

Tra i valori più importanti del confucianesimo possiamo citare la pazienza, la modestia, la prudenza e la gerarchia. Quest'ultima è molto sentita in Cina, dove il rispetto dell'autorità è sacro, sia nell'ambito professionale che in quello familiare.

SEGRETO n. 8: conoscere i valori principali del confucianesimo, che governano la società e la cultura cinesi, può essere un grosso vantaggio per un'interazione di successo con partner cinesi.

Parlando di famiglia, dagli anni '70 è in vigore nelle città la legge del figlio unico, ovvero è consentito alle coppie sposate di generare un solo figlio, allo scopo di controllare la sempre crescente popolazione del paese. Questa legge presenta alcune eccezioni, come ad esempio quella che se entrambi i genitori sono essi stessi figli unici possono generare un secondo figlio.

Alcuni esperti stimano che, in assenza di questa legge, la popolazione cinese sarebbe ora di 300 milioni di persone superiore a quella attuale. Tuttavia, gli effetti collaterali di questo provvedimento non hanno tardato a manifestarsi: la popolazione cinese sta invecchiando rapidamente e sempre meno forza lavoro deve supportare una sempre maggiore quantità di cittadini anziani.

Inoltre, questa nuova generazione di figli unici, per forza di cose, ha la tendenza a essere viziata e iper-protetta da genitori apprensivi, che ripongono nell'unico figlio tutte le loro attenzioni e aspettative.

Come spesso avviene in caso di provvedimenti restrittivi alla libertà personale degli individui, chi ha potuto, ha trovato il modo di aggirare la legge. Un mio conoscente cinese molto facoltoso ha portato sua moglie a partorire in Thailandia il suo secondo figlio e quindi il terzogenito (il che è consentito dalla legge cinese, l'importante è che non nascano in Cina!), mentre un altro ha ritenuto giusto adottare due bambine orfane del Tibet (anche questo consentito) per allargare la propria famiglia.

Tornando a parlare del concetto di rispetto dell'autorità, molto sentito in Cina, questo può manifestarsi in alcuni scenari di business, nei quali ci si rende conto che spesso i cinesi sono più inclini a prendere decisioni basandosi sul consenso della persona più autorevole o più anziana, piuttosto che attraverso un democratico dibattito che prenda in considerazione le opinioni di tutti.

Non aspettarti mai che un dipendente metta in discussione quanto deciso dal proprio diretto superiore né che si azzardi a prendere una decisione lui stesso quando non ha il diretto *input* da parte del capo. Conoscere questa tendenza ti può aiutare a risparmiare molto tempo e molta energia quando ti troverai a discutere con controparti cinesi.

La gerarchia in Cina è sacra, dunque, di conseguenza gli interlocutori cinesi cercheranno sempre di parlare con la persona più alta in grado dell'azienda, considerando spesso una mancanza di rispetto o quantomeno segno di scarso interesse da parte del dirigente, il fatto di farli discutere su temi importanti con un subordinato o con una persona che non abbia il necessario *status*.

Questa consuetudine in Cina è molto evidente anche in contesti sociali, come le cene di affari. In questo caso la scelta dei posti a tavola non è mai casuale: ciascun ospite trova posto in base al proprio grado gerarchico.

Ricordo ancora, durante uno dei miei primi viaggi in Cina, quando trovandomi al ristorante con alcuni importanti potenziali partner cinesi, commisi l'errore capitale di prendere posto da solo senza attendere che mi fosse assegnato quello giusto. L'imbarazzo e il nervosismo dei cinesi mi apparvero immediatamente evidenti. Nessuno osò dirmi nulla ma durante tutta la cena si avvertiva che qualcosa non andasse.

In seguito non riuscimmo a trovare un accordo con queste persone, sicuramente per altri e più importanti motivi, anche se sono convinto che quel mio errore, almeno in piccola parte, abbia contribuito al cattivo esito della nostra negoziazione.

Uno dei concetti più importanti nelle culture asiatiche, e in Cina in particolare, è quello del conservare la propria immagine, o meglio, fare di tutto per non "perdere la faccia". Per un cinese, il proprio onore è tutto ed essere causa per lui di imbarazzo, tale da fargli "perdere la faccia" davanti a qualcun altro, può essere ragione sufficiente per interrompere all'istante qualsiasi tipo di rapporto personale e professionale. Rimproverare un proprio dipendente cinese di fronte ad altre persone è un errore gravissimo da evitare a ogni costo, se non si vuole rischiare di compromettere il proprio rapporto personale con quest'ultimo, spesso in modo definitivo.

Altro concetto fondamentale è quello della fiducia: prima di poter instaurare qualsiasi relazione d'affari con i cinesi, bisogna essere in grado di guadagnarsi la loro fiducia. Ciò richiede tempo e pazienza e non ci sono scorciatoie.

Chi è seriamente intenzionato a collaborare con partner cinesi in modo proficuo, deve mettere in programma una serie di attività volte alla costruzione di un rapporto personale con i propri interlocutori, in grado di abbattere l'iniziale e sempre presente muro di diffidenza che si frappone tra i cinesi e gli stranieri quando entrano in gioco questioni economiche o interessi di affari.

Paradossalmente, i cinesi sono molto diffidenti anche tra di loro e, a volte, sono più disposti a fidarsi di uno straniero che dedichi il giusto tempo alla costruzione del rapporto piuttosto che di un loro connazionale che conoscono superficialmente. Questo aspetto può creare delle barriere quando si deve gestire un team di persone cinesi.

Un ultimo particolare sulla società cinese riguarda la scaramanzia: per uno straniero che va in Cina è molto utile sapere che il numero 8 è considerato un enorme portafortuna (non a caso le Olimpiadi di Pechino del 2008 hanno avuto inizio l'8/8/2008 alle 8 di sera) mentre il 4, che in cinese si pronuncia con un suono simile a quello per la parola "morte", è uno storico portasfortuna. Anche ad altri numeri vengono attribuite doti scaramantiche ma mai in maniera decisa e univoca come a questi due.

Per far capire quanto ciò sia sentito nella cultura cinese, posso dire che più di una volta mi è capitato di soggiornare in hotel di città cinesi in cui i numeri delle stanze iniziavano tutti per 8, oppure i piani dell'albergo iniziavano tutti per 8 e in cui il piano n. 4 (ma anche il 14 e 24 se il palazzo era sufficientemente elevato) semplicemente non esistevano: si passava dal terzo al quinto piano, come se niente fosse.

Lo scenario economico e di business in Cina

Lo scenario di business cinese è alquanto complesso e in continua evoluzione. La crescita economica della Cina ha rappresentato uno dei maggiori cambiamenti mondiali della nostra epoca.

Il PIL cinese è cresciuto in media di oltre il 10% annuo nei passati vent'anni e anche con la profonda crisi finanziaria mondiale del 2008 e 2009 è rimasto su un rispettabile 8% (nel 2009 la crescita è stata dell'8,7%, secondo le stime ufficiali), cifra stratosferica se comparata con quella delle altre potenze industriali mondiali, che spesso hanno registrato addirittura crescita negativa. Nel 2010, le previsioni attuali parlano di una crescita del PIL del 9,4% ed è verosimile prevedere almeno un altro decennio di crescita a questi livelli.

Questa fortissima crescita ha avuto però anche degli effetti collaterali non trascurabili, specie sull'ambiente. Povera di materie prime, la Cina, che produce ad esempio la metà dell'acciaio mondiale o il 30% dei pannelli solari mondiali, è costretta a bruciare carbone per sostenere questi ritmi ed è oggi il maggiore produttore mondiale di ossido di carbonio. Sebbene il governo cinese stia cercando di porre rimedio al problema con ogni sua risorsa (l'ultimo piano quinquennale prevede un raddoppio delle energie rinnovabili entro il 2010), la situazione è certamente allarmante.

Il governo cinese promette che entro il 2020 il 15% del proprio fabbisogno energetico deriverà da fonti rinnovabili... bisognerà vedere se questa promessa potrà essere mantenuta. Intanto è stata lanciata la cosiddetta "green economy", che ha previsto ad esempio la piantagione di alberi su circa 40 milioni di ettari di terreno, allo scopo di prevenire l'effetto serra.

Per fare fronte alla sempre crescente richiesta di energia, la Cina ha instaurato forti relazioni commerciali con molti paesi, acquistando ad esempio ferro dall'Australia, rame dal Cile e gas in Asia Centrale. Le relazioni commerciali più forti, sono però attualmente con alcuni paesi africani, dai quali la Cina acquista la regina di tutte le materie prime: il petrolio. Sudan, Angola e

Nigeria sono diventati tra i maggiori fornitori di petrolio della Cina, che fornisce loro in cambio ciò di cui essa stessa è ricca: manodopera e materiali per la costruzione di infrastrutture.

La logica puramente di mercato che regola questi accordi commerciali, ha spesso fatto trascurare aspetti politici rilevanti, spingendo la Cina a ignorare situazioni sociali in netto contrasto con il mantenimento dei diritti umani, contro il parere dell'opinione pubblica internazionale.

Attualmente la Cina è il maggior creditore del governo USA con migliaia di miliardi di USD nelle proprie casse sottoforma di *Treasury bond*. Non è un'esagerazione affermare che per anni i risparmiatori cinesi hanno permesso a molti americani di condurre lo stile di vita opulento e dispendioso che ha poi portato alla grave crisi finanziaria del 2008.

Nonostante il PIL cinese sia attualmente di varie volte inferiore a quello USA e l'economia cinese sia attualmente paragonabile in dimensione, ad esempio, a quella tedesca, la Cina è attualmente il maggiore finanziatore del debito pubblico americano, e questo la dice lunga sull'importanza strategica delle relazioni tra questi due paesi.

In occasione delle Olimpiadi di Pechino del 2008, non a caso l'allora presidente americano George Bush, nel pieno delle polemiche relative alla questione del Tibet, quando alcuni governi minacciavano di non far prendere parte ai giochi alle proprie delegazioni, si affrettò a confermare pubblicamente che egli dava il massimo supporto alla Cina e che gli USA non sarebbero in alcun modo mancati alla manifestazione. Affermazioni che vanno inquadrate nel contesto descritto sopra.

Andiamo ora a vedere come si è giunti alla situazione economica attuale tracciando una breve storia degli ultimi 60 anni.

Quando nel 1949 i comunisti vinsero la guerra civile, essi iniziarono ad acquisire il controllo delle banche e delle maggiori attività economiche del paese. Sostanzialmente, il governo iniziò a gestire l'economia cinese in modo centralizzato. Seguendo il modello sovietico, i cinesi si concentrarono sullo sviluppo della loro industria pesante, ponendo come obiettivo alle sempre più numerose fabbriche statali, di massimizzare in ogni modo la propria produzione, anche quando ciò significava generare delle perdite.

A partire dalla morte di Mao, nel 1976, il modello cinese ha iniziato a cambiare, anche grazie al monito della stessa Russia, che con un modello simile stava giungendo lentamente al collasso economico. Negli anni '90, i cinesi iniziarono a concentrarsi quasi esclusivamente sulla crescita del PIL, con l'idea che questa strategia avrebbe creato occupazione. La scelta si rivelò vincente e attualmente circa il 50% dell'economia cinese si basa sull'industria.

L'agricoltura contribuisce ufficialmente con circa il 10% (anche se questa stima potrebbe essere inferiore alla realtà) e i servizi con il 40%. Il vero problema relativo all'agricoltura è la disponibilità limitata di terre coltivabili in un paese in larga parte costituito da deserti. Oggi in Cina si conta una media di 7 contadini per ettaro di terra, un numero estremamente alto rispetto ad altri paesi nel mondo.

L'agricoltura cinese è ancora molto poco industrializzata e ciò, per il momento, contribuisce a creare occupazione, ma questa situazione è destinata inevitabilmente a cambiare ed è il motivo per cui ogni anno, circa 20 milioni di contadini si trasferiscono nelle città alla ricerca di nuove opportunità professionali.

Parlando dell'industria, le imprese private creano oggi più occupazione di quelle statali e molte imprese statali sono state rilevate da privati, che hanno iniziato a renderle proficue, mentre prima operavano in perdita.

Il Governo cinese esercita ancora una certa influenza sull'economia e sul business. Ad esempio, mantiene uno stretto controllo sulla moneta cinese, l'RMB (o yuan), in particolare con una politica di mantenimento del suo valore artificialmente basso rispetto allo USD, per favorire le esportazioni cinesi verso gli Stati Uniti e il resto del mondo.

Questa politica ha fatto sì che, recentemente, la Cina sia diventata il primo esportatore al mondo, superando la Germania. Alcuni esperti stimano che l'RMB sia attualmente sottovalutato di circa il

30% rispetto al suo valore reale. Questa moneta, inoltre, non è completamente convertibile nel resto del mondo e ha valore solo sul territorio cinese (oltre a quelli di Hong Kong e Macao).

Da alcuni anni, il Governo cinese ha intrapreso dei piccoli passi di svincolo della propria moneta dallo USD, tuttavia siamo ancora lontani da uno scenario in cui l'RMB possieda il suo reale valore di mercato e sia completamente convertibile sui mercati finanziari mondiali.

Il rischio temuto è quello di trovarsi nella stessa situazione vissuta dal Giappone negli anni '80: in quel caso una rapida rivalutazione della moneta locale, lo Yen, determinò un blocco delle esportazioni e degli investimenti esteri, facendo sprofondare il paese in una drammatica crisi economica.

Il governo cinese opera attualmente un'azione protettiva su settori industriali strategici come le telecomunicazioni, l'energia e i trasporti aerei, il cui fallimento potrebbe mettere in pericolo la sicurezza nazionale. Nonostante le imprese statali stiano diventando una percentuale sempre inferiore rispetto alla totalità delle imprese cinesi, esse esercitano ancora un forte influsso sull'economia nazionale. Oggi l'economia cinese si basa per circa l'80% del proprio PIL sull'interscambio commerciale con l'estero, suddiviso circa nel 35% in *import* e 45% in *export*.

Per quanto riguarda la distribuzione geografica della ricchezza, questa è fortemente concentrata nella fascia costiera a est del paese, il che è all'origine di forti squilibri sociali con l'interno. Nonostante da alcuni anni il governo cinese stia adottando una politica definita come "Go West", ovvero tesa a favorire lo sviluppo economico e industriale della parte centrale e occidentale della Cina, le differenze sono ancora notevoli.

Shanghai, con i suoi grattacieli scintillanti, è stata presa a modello da molte altre città cinesi, che negli ultimi anni hanno cercato di assomigliarle, spesso supportate economicamente dal governo; ciò ha, però, creato gravi problemi di approvvigionamento elettrico.

Ad ogni modo, l'obiettivo del governo cinese è quello di ridurre progressivamente l'attuale divario presente tra le varie regioni del paese (spesso definite "le tre Cine", riferendosi alla parte orientale, centrale e occidentale del paese), per creare una distribuzione più uniforme della ricchezza.

Un altro aspetto da non sottovalutare in Cina è la burocrazia. Nonostante il paese si stia adeguando ad accogliere investitori e società straniere, tramite una serie di agenzie preposte a facilitare lo svolgimento delle pratiche burocratiche necessarie per l'attività di business, le difficoltà per chi tratti per la prima volta con gli uffici cinesi possono essere notevoli.

Spesso il solo fatto di riuscire a reperire informazioni corrette su cosa sia necessario fare per raggiungere il proprio scopo può rivelarsi problematico, a causa di differenti fonti, tutte a loro detta autorevoli, che forniscono diverse versioni della stessa realtà. Bisogna armarsi di grandi dosi di pazienza e perseveranza se se ne vuole venire a capo in maniera relativamente rapida e indolore. Nel prossimo capitolo entreremo maggiormente nel dettaglio di alcuni di questi aspetti.

Il mio consiglio è sempre quello di affidarsi a persone che

abbiano già affrontato problemi simili e sappiano esattamente come risolverli (e che magari abbiano contatti personali all'interno delle agenzie con cui bisogna interagire).

In ogni caso, la burocrazia cinese prevede montagne di documenti da riempire e da consegnare, anche per le più semplici operazioni. Spesso i moduli da riempire prevedono più volte le stesse domande, espresse in forma e modo diversi.

Infine, uno degli elementi più usati dalla burocrazia cinese è il cosiddetto "Chop", ovvero il timbro di forma tonda da apporre sui documenti per siglarne l'ufficialità. Se decidi di creare una tua società in Cina, i timbri che ti verranno consegnati sono tra gli oggetti da conservare con più cura (molti li tengono in cassaforte) dato che in assenza di questi, nessun documento emesso dalla tua società avrà alcun valore legale.

Ho sentito personalmente storie di *joint venture* tra aziende italiane e cinesi finite male perché il socio cinese, semplicemente impadronendosi dei suddetti timbri, aveva di fatto conquistato tutto il potere necessario per siglare documenti ufficiali a nome della JV, senza doverne nemmeno informare il socio italiano.

L'ingresso della Cina nella WTO (*World Trade Organization*) avvenuta l'11 Dicembre del 2001 è stato un evento storico e ha cambiato per molti versi il modo di fare business in Cina. Il dover fare i conti con le regole spesso severe di questa organizzazione, per la gestione delle proprie politiche commerciali interne e verso gli altri paesi membri, ha generato in Cina un vento di cambiamento non indifferente.

Per chi non la conoscesse, la WTO è un'organizzazione internazionale che si occupa dello sviluppo del commercio globale, definisce delle regole allo scopo di facilitare questa attività per tutti gli stati membri e in modo che gli scambi commerciali avvengano sempre in modo onesto e trasparente, salvaguardando e tutelando le varie realtà nazionali. Attualmente la WTO conta 150 membri e include quasi tutti i paesi del mondo. Quando due paesi membri hanno una disputa di tipo commerciale, la WTO assume il ruolo di mediatore e arbitro, facilitandone teoricamente la risoluzione.

Il processo di inserimento della Cina nella WTO è stato molto lungo e laborioso, (oltre 15 anni) e ha goduto di un grande supporto da parte degli Stati Uniti, fortemente interessati a questo avvenimento a causa di propri interessi commerciali e politici.

Per la Cina, questo ha significato mettere in atto numerosi cambiamenti interni, riguardanti soprattutto le regole per l'*export* (tariffe doganali, istituzioni di quote limite di certi prodotti ecc.), per la proprietà intellettuale (prima praticamente inesistente in Cina) e per l'organizzazione dei propri servizi legali e logistici.

La Cina sta avanzando rapidamente su questa strada anche se, da parte dell'opinione pubblica mondiale, c'è una certa apprensione riguardo al fatto che il paese possa realmente mantenere tutte le promesse finora fatte.

Durante i primi cinque anni di appartenenza alla WTO, i passi in avanti più significativi compiuti dalla Cina sono stati l'apertura a investitori stranieri di alcune aziende storicamente protette dal governo cinese per motivi strategici, quali le banche, le imprese di telecomunicazioni e per la vendita al dettaglio; un ulteriore passo è rappresentato dalla messa in atto di leggi che impediscono la contraffazione di *brand* occidentali, attività in cui la Cina si è da sempre "distinta" a livello mondiale.

Negli ultimi anni, la Cina sta adottando una politica definita del *going out*, ovvero focalizzata sullo sviluppo anche degli investimenti cinesi all'estero. Il ruolo di "fabbrica del mondo", infatti, inizia ad andare stretto a questa superpotenza e sempre più aziende cinesi stanno guardando all'occidente per effettuare investimenti.

Ciò che manca maggiormente alle aziende cinesi è la presenza di *brand* riconosciuti a livello mondiale, ecco perché i cinesi sono molto interessati ad acquistarne. In quest'ottica si può inserire l'acquisizione da parte della cinese Lenovo del settore PC della IBM avvenuta nel 2004 o quello da parte della Qianjiang Group Co. Ltd dell'azienda motociclistica italiana Benelli.

Per capire l'entità di questo fenomeno, basti pensare che negli ultimi sette anni gli investimenti cinesi all'estero sono aumentati di oltre trenta volte rispetto al valore iniziale, totalizzando una cifra di oltre 40 miliardi di USD.

Interessante notare che nel 2008 l'Italia è diventata il primo paese europeo recettore di investimenti industriali cinesi, con circa 640 miliardi di euro investiti. Una cifra che può far comprendere l'importanza strategica del nostro paese nei piani di espansione estera del governo cinese.

La barriera della lingua

Avere a che fare con i cinesi vuol dire, prima o dopo, trovarsi di fronte a una non indifferente barriera linguistica. Ciò è aggravato dal fatto che i cinesi, oltre a parlare in maniera diversa dagli occidentali, pensano in maniera diversa e spesso è davvero difficile capirsi, nonostante si disponga di ottimi interpreti.

Quello che viene unanimemente definito come il cinese standard, ovvero il cinese mandarino (ufficialmente la lingua più parlata al mondo oggi) non è che uno degli otto dialetti principali presenti nel paese, senza contare il vastissimo numero di dialetti locali: in Cina praticamente ogni città ha un suo proprio dialetto, spesso completamente diverso da quello delle altre città. Il mandarino è la lingua comunemente parlata nella regione di Pechino e quella in cui i documenti ufficiali e l'informazione sono diffusi in tutto il paese. Le persone cinesi di cultura almeno media la conoscono, oltre a conoscere il dialetto della propria città di origine.

A Shanghai, due shanghainesi parleranno tra loro in dialetto locale anche in contesti formali di business, mentre se sono presenti persone di altre città, utilizzeranno il mandarino per potersi comprendere più facilmente. Inoltre, qualcuno che conosce bene il mandarino potrebbe non capire assolutamente due persone che si esprimono tra di loro in shanghainese.

Importante sapere che a Hong Kong si parla il cantonese, una lingua completamente diversa dal mandarino, che ha in comune con quest'ultima solo la scrittura, o meglio, i caratteri usati nel cantonese sono quelli originali del cinese mandarino, prima della semplificazione della scrittura voluta dal governo negli anni '50.

La lingua cinese, contrariamente alle apparenze, è una delle lingue più semplici al mondo, almeno a livello grammaticale. Ho potuto verificare personalmente questo fatto da quando ho iniziato a studiarla. Al suo confronto una lingua come l'italiano (o anche il francese e ancora di più il tedesco) appaiono estremamente complesse e inutilmente strutturate. Questo fatto attribuisce quindi grande merito ai cittadini cinesi che si cimentano con successo nello studio della nostra lingua.

In cinese, la struttura delle frasi è di una semplicità estrema, tanto che i verbi non mutano la loro forma né in base al tempo né in base alla persona, non esistono i generi, i nomi e gli aggettivi sono immutabili in tutte le loro forme. Non c'è traccia di passivi o riflessivi ed esistono solo pochissimi articoli.

Ovviamente, per scrivere in cinese non si utilizza il nostro alfabeto ma un sistema di ideogrammi; è necessario quindi un lungo e faticoso lavoro di memorizzazione degli ideogrammi stessi, per poter essere in grado anche di leggere e scrivere. Ad ogni ideogramma corrisponde una traduzione fonetica in caratteri latini (sistema *pinyn*) che ne facilita la memorizzazione e l'utilizzo, specie con la tastiera di un computer.

Lo stesso suono fonetico può essere attribuito a più di un ideogramma; per differenziarli si ricorre all'uso dei toni: cinque toni distinti che attribuiscono il significato ai differenti ideogrammi. Alcuni ideogrammi possono essere tradotti con più significati diversi, corrispondenti ad altrettante traduzioni fonetiche. Il significato si evince quindi dal contesto e questa è forse una delle poche vere difficoltà della lingua cinese.

Nel linguaggio cinese si calcola siano presenti oltre 80.000 differenti caratteri ma per leggere un quotidiano ne sono sufficienti appena 3000. Persone cinesi di buona cultura o studenti stranieri seri di lingua cinese ne conoscono oltre 5000.

SEGRETO n. 9: imparare qualche parola, o qualche espressione, in cinese può contribuire a instaurare relazioni di business vincenti in Cina.

Ai fini della tua attività di business in Cina, non è certo necessario imparare il cinese anche se conoscerne qualche parola, come "grazie" o "buongiorno", può sicuramente impressionare i tuoi interlocutori e predisporli meglio a fare affari con te.

Ad ogni modo, per poter interagire con le tue controparti cinesi, che spesso non conoscono la lingua inglese in maniera sufficientemente approfondita, avrai bisogno di un interprete.

La scelta dell'interprete è di fondamentale importanza per la qualità delle tue relazioni, dato che il tuo messaggio (o quello del tuo interlocutore) potrebbero venire completamente travisati, distorti o modificati, senza che tu ne possa avere la minima percezione. La migliore soluzione, per mia esperienza, è quella di avere come interprete una persona italiana che conosca bene il cinese.

Questa persona infatti, oltre a tradurre letteralmente quello che tu vuoi comunicare, è anche in grado di capire la tua mentalità e di percepire il quadro globale all'interno del quale si colloca la discussione. Prima dell'incontro con la controparte cinese, ti consiglio di incontrarti con il tuo interprete, spiegargli il contesto in cui avverrà la trattativa, gli obiettivi che vuoi raggiungere, le possibili criticità e qualsiasi altro elemento che lo possa aiutare a svolgere il suo ruolo nel migliore dei modi.

Non sempre è disponibile una persona italiana che parli cinese, quindi se l'unica possibilità che hai è quella di fare riferimento a una persona cinese che comunichi con te in inglese o in italiano, questo *briefing* preliminare deve essere svolto in maniera ancora più accurata.

Proprio perché l'interprete ha completa libertà sulla traduzione e sull'interpretazione dei messaggi che vengono scambiati tra te e il tuo interlocutore cinese, è importante capire anche il suo *background* professionale e il suo grado di conoscenza generale dei soggetti di cui si parla.

Normalmente, gli italiani che parlano cinese sono persone, spesso di giovane età, che hanno seguito un corso di laurea in lingue orientali in Italia e che si sono successivamente trasferiti in Cina per un periodo più o meno lungo, per approfondire gli studi. Ora, queste persone non hanno necessariamente un'esperienza di business, proprio perché hanno dedicato molti anni allo studio e all'approfondimento della lingua cinese, restando all'interno di un ambiente accademico. Ciò va tenuto presente quando si interagisce con loro, non dando per scontato concetti base relativi al mondo degli affari, che potrebbero non aver ancora approfondito.

Il miglior modo per trovare un interprete in Cina è attraverso la referenza di qualche amico o conoscente, che si sia servito di un determinato interprete con risultati apprezzabili e ti possa quindi indirizzare verso la stessa persona.

Durante la mia esperienza in Cina, ho avuto modo di entrare in contatto con molti interpreti, di differente livello qualitativo. Ecco secondo me alcuni punti fondamentali che bisognerebbe considerare quando si sceglie un interprete:

- deve essere dotato di un titolo universitario e deve aver compiuto parte dei suoi studi in Cina;
- deve aver già svolto il lavoro di interprete per altre aziende italiane, possibilmente dello stesso settore (chiedi sempre referenze in merito);
- deve presentarsi in modo serio e professionale, curando la sua immagine e il suo stile;
- deve richiedere un compenso in linea con i prezzi di mercato (ti puoi informare presso altre aziende che hanno utilizzato lo

stesso servizio o presso consulenti). Diffida di chi chiede compensi troppo bassi (probabilmente la qualità del suo lavoro sarà altrettanto bassa) o troppo alti, fuori mercato;

- possibilmente ti deve essere stato indicato o suggerito da qualcun altro che abbia già collaborato con lui e ne sia rimasto soddisfatto;

- durante il vostro primo contatto, anche telefonico, deve dimostrare una certa sintonia ed empatia e la comunicazione e comprensione tra voi deve essere fluida.

In ogni caso, non avere fretta di scegliere un interprete se queste condizioni non sono soddisfatte. Non lasciare la scelta dell'interprete per l'ultimo momento, quando sei a ridosso del tuo viaggio in Cina e non hai più tempo per operare una scelta oculata. Sbagliare interprete vuol dire compromettere seriamente le proprie possibilità di successo in Cina.

Nel caso di un interprete di nazionalità cinese, assicurati principalmente che il suo inglese sia completamente comprensibile per te. Molti cinesi parlano un inglese veramente difficile da capire per noi italiani e non è nel tuo interesse aggiungere questo tipo di complicazione alla tua trattativa di affari. Inoltre, sempre nel caso di interprete cinese, è fondamentale spiegargli bene il suo ruolo: si deve limitare a tradurre i messaggi delle due parti e non deve aggiungere sue opinioni o interpretazioni personali.

Per noi può sembrare ovvio, ma molti interpreti cinesi ritengono che per facilitare la comprensione tra le due parti, che possiedono mentalità e *background* differenti, essi debbano arricchire i messaggi, con loro pensieri e considerazioni personali, spesso finendo per travisare o distorcere completamente il significato originale del messaggio stesso.

SEGRETO n. 10: la scelta del tuo interprete cinese è fondamentale e può contribuire sostanzialmente al tuo successo o fallimento.

Un'altra sfida non indifferente della lingua cinese è il linguaggio scritto, o meglio la traduzione dal cinese all'italiano e viceversa. I caratteri cinesi sono immutabili e devono essere utilizzati così come sono per tradurre le lingue straniere. Ciò implica che spesso non esiste una traduzione univoca per un termine italiano, ma l'utilizzo di differenti caratteri cinesi può egualmente rendere il concetto, anche se in modi completamente diversi. La scelta dei caratteri cinesi con cui tradurre il nome della tua società italiana, dei tuoi prodotti o il tuo stesso nome di battesimo, è spesso completamente arbitraria e si basa su criteri quali il significato originale dei caratteri, il loro suono o la loro forma.

Giusto per farti un esempio, la Coca Cola, trovandosi negli anni '30 a dover tradurre il proprio marchio in cinese e avendo ampia libertà sulla scelta dei caratteri da usare, pensò bene di far cadere la scelta su caratteri che, tradotti dal cinese, significano letteralmente "gioia nell'eccellente sapore", oltre ad avere un'assonanza fonetica con il nome originale.

Come puoi intuire questa scelta, guidata da sapienti logiche di marketing, ha di certo contribuito all'immenso successo commerciale di questa bevanda in Cina.

Questa estrema libertà di scelta dei caratteri può, però, creare degli inconvenienti. Posso citare l'esempio di un episodio che mi è accaduto personalmente. Dovendo seguire con il mio staff cinese l'importazione di un *container* di un olio d'oliva italiano in Cina, ci trovammo alcuni anni fa a dover tradurre in cinese le etichette presenti sulle bottiglie.

Ora, questo particolare olio d'oliva, sebbene fosse imbottigliato in Italia, era di origine tunisina. L'importatore cinese, che voleva lanciare questo prodotto come un alimento al 100% italiano, ovviamente non era d'accordo nello specificare sulle etichette questo dettaglio, né tantomeno il produttore desiderava scrivere in cinese qualcosa che non corrispondesse a realtà, ovvero che l'olio fosse di origine italiana.

Dopo lunghe e faticose discussioni, convenimmo nello scrivere sulle etichette solo la frase: "imbottigliato in Italia". Quando mandammo al produttore italiano le etichette tradotte dal distributore cinese, questi, per suo scrupolo, le volle fare ricontrollare da un suo traduttore cinese di fiducia e puntualmente si accorse che i patti non erano stati rispettati e che, in cinese, era stato scritto proprio "olio di origine italiana". Ce le rimandò indietro, adirato, imponendoci di cambiarle immediatamente secondo le sue disposizioni. Le facemmo ritradurre e gliele rimandammo, i caratteri della traduzione di quella riga di testo erano effettivamente cambiati.

Quando il produttore italiano andò a far ricontrollare il testo cinese, con sua enorme sorpresa vide che i nuovi caratteri cinesi dicevano letteralmente "bottiglie di olio completamente italiane", lasciando ancora una volta intendere al lettore che quell'olio provenisse interamente dal nostro paese e non vi fosse stato solo imbottigliato.

Il traduttore si difese dicendo che si trattava solo di una nostra interpretazione errata dei caratteri mentre invece avevamo tutti compreso che quel distributore stava solo cercando di giocare sulla complessità dei caratteri cinesi per raggiungere il suo scopo.

Alla fine indicammo noi, tramite un traduttore italiano, i giusti caratteri da utilizzare, che dicevano inderogabilmente "olio imbottigliato in Italia", senza dare ulteriori spiegazioni sulla sua origine.

Geografia economica della Cina

In Cina, come abbiamo visto, vi è una netta distinzione tra le condizioni di vita delle città e delle campagne. Per questo, l'ambizione di gran parte di coloro che abitano in campagna è quella di poter migliorare le proprie condizioni di vita e magari trasferirsi in città.

Si stima che in Cina ci siano attualmente quasi 650 milioni di contadini che vivono con circa 1 USD al giorno. L'ambizione di molte di queste persone è quella di trovare un impiego in una fabbrica di una grande città, il che vorrebbe dire riuscire a percepire un salario dalle 3 alle 5 volte superiore a questa cifra.

Inoltre, esperti di economia calcolano che un operaio cinese che guadagna ad esempio 100 USD al mese (e già attualmente in città come Shanghai i salari sono almeno raddoppiati o triplicati rispetto a questo dato) abbia un potere di acquisto ben cinque volte superiore a un operaio europeo, che percepisce uno stipendio mediamente dieci volte più alto ma è inserito in un contesto sociale dove il costo della vita è decine di volte superiore a quello cinese.

A causa di questi fattori, il flusso migratorio tra campagna e città sta assumendo negli ultimi anni dimensioni considerevoli e nel 2007 la popolazione delle città ha raggiunto quella delle campagne, per la prima volta nella storia della Cina. Si stima che tra 15 anni le città assorbiranno una popolazione di altri 350 milioni di abitanti e che ben 22 città cinesi conteranno più di un milione di abitanti.

All'interno delle città, come conseguenza di questo fenomeno, sono però visibili degli stridenti contrasti sociali tra coloro che sono appena approdati al livello economico che gli permette di sopravvivere in quel contesto e coloro che invece si sono arricchiti in maniera imponente negli ultimi dieci anni.

Se si pensa che la Cina è il terzo mercato mondiale del lusso, si può intuire il divario economico e sociale che spesso si viene a presentare. *Boutique* di lusso, con esposti in vetrina articoli che valgono il salario di 100 anni di un operaio, sono situate a poca distanza da piccoli esercizi commerciali che fungono anche da abitazione per il proprietario e che vendono articoli dell'ordine di pochi yuan di valore.

Vediamo ora alcuni cenni sulla geografia economica del territorio cinese, evidenziando le opportunità di business per ciascuna regione. Divideremo la Cina nelle quattro classiche aree:

1. il Nordest;
2. il delta del fiume Yangtze;
3. il delta del Fiume delle Perle;
4. l'Ovest.

Vediamoli uno a uno:

Il Nordest. Il Nordest comprende le regioni della Manciuria, di Tianjin, dello Shandong e di Pechino, la capitale della Repubblica Popolare Cinese. La Manciuria, confinante con la Corea del Nord e con la Cina, ha una popolazione di circa 100 milioni di persone e vede la maggiore concentrazione di aziende statali di industria pesante dell'intero paese.

Quest'area è una di quelle che il governo cinese sta cercando di sviluppare maggiormente, tramite trasferimento di ingenti capitali verso la regione. La città di Harbin, capitale della regione del Heilongjiang, è una delle città cinesi più sviluppate per quanto riguarda i laboratori di ricerca e il mondo accademico in genere, il che la rende un ottimo posto per attività industriali di ricerca e sviluppo.

La città di Dalian, oltre a essere un posto molto gradevole, possiede il maggior porto del Nord Est della Cina e ha una delle industrie di raffinazione più sviluppate del paese.

La provincia di Tianjin è situata tra Pechino e la Bohai Bay. Il suo porto possiede il maggior molo per *container* della Cina ed è uno dei centri logistici principali del paese. Negli ultimi anni ha attratto molti investimenti produttivi stranieri, specialmente nel settore dei prodotti elettronici e in quello biochimico. Società come Motorola o Samsung, ad esempio, hanno edificato grosse unità produttive in questa provincia.

Shandong è il nome sia di una provincia che di una penisola nella parte nordorientale della Cina. È la terza base manifatturiera del paese e possiede larghi depositi di minerali. La città di Qingdao, dove si produce la celeberrima omonima birra, è uno dei cinque porti maggiori della Cina, oltre che località turistica di primissimo piano.

La città di Pechino ha subìto massicci cambiamenti a causa dei giochi olimpici del 2008 e, con circa 12 milioni di abitanti è una vera megalopoli. Possiede oltre 60 università e il livello di cultura media dei suoi abitanti si sta progressivamente innalzando.

Il delta del fiume Yangtze. Questa regione, che include la città di Shanghai, è una delle più sviluppate da un punto di vista economico e commerciale della Cina. Le città principali sono Hefei (che si sta sviluppando molto rapidamente), Nanjing, Hangzhou (dove è situato il Grande Lago, l'attrazione turistica più visitata dell'intera Cina) e Ningbo.

Shanghai da sola produce circa il 5% del PIL della Cina, pur ospitando solo l'1% circa della popolazione cinese. È indubbiamente il centro commerciale e finanziario più importante del paese e tappa obbligata per chiunque abbia intenzione di fare business in Cina, anche per la relativa facilità, se comparata con il resto del paese, con cui si possono condurre affari.

Il delta del Fiume delle Perle. Questa regione, situata nel sud della Cina, è una delle più prospere del paese, anche perché è stata la prima ad aprire all'investimento straniero e ha beneficiato enormemente del benessere e della tecnologia provenienti dalla vicina Hong Kong.

Le due città principali sono Guangzhou (detta anche Canton, dove ha luogo l'omonima fiera) e Shenzhen, due vere e proprie megalopoli. Questa regione è il cuore della produzione tecnologica della Cina e ha nell'inquinamento atmosferico generato dalle numerosissime fabbriche, il suo problema e la sua sfida maggiore.

L'Ovest. Le città di Chongqing, Chengdu e Kumming sono senza dubbio quelle che stanno facendo registrare una maggiore crescita all'interno di questa regione relativamente poco sviluppata rispetto al resto del paese.

Xi'an, allo stesso modo, sta attraendo ultimamente molti investimenti stranieri. Come già detto, il governo cinese ha lanciato da anni una campagna definita "Go West", nell'ottica di una maggiore armonizzazione delle condizioni sociali, attualmente fortemente sbilanciate in favore della fascia costiera.

Questa regione, quindi, è quella che presenta forse le maggiori opportunità per gli investitori stranieri in termini di costi di installazione, di mano d'opera e di incentivi governativi disponibili.

Una menzione a parte va fatta per l'isola di Hong Kong, per molti anni punto di accesso obbligato alla Cina e ora, con l'apertura delle frontiere cinesi, diventata un enorme *hub* finanziario e di servizi per la Cina.

Attualmente Hong Kong è il maggior investitore straniero della Cina stessa. Con la riannessione alla madre patria avvenuta nel 1997, Hong Kong è stata denominata SAR (*Special Administrative Region*) e fondamentalmente è inquadrata in un'ottica definita dal governo cinese come: "un paese, due sistemi".

In altre parole, a Hong Kong sono in vigore leggi differenti da quelle della Cina. Ad esempio non è necessario visto di ingresso per gli stranieri, la moneta è diversa (Dollaro di Hong Kong) e tariffe e dazi doganali per le merci sono differenti rispetto a quelli della madre patria. Nel 1999 la Cina ha annesso al suo territorio anche l'isola di Macau, colonizzata dai portoghesi e oggi tempio del gioco d'azzardo.

I tipi di imprese cinesi

Concludiamo questo capitolo sulla conoscenza della Cina, con una breve analisi sui tipi di imprese presenti attualmente in Cina. Fondamentalmente sono riconducibili a tre distinte categorie:

1. imprese a gestione statale. Queste imprese, retaggio dei tempi passati, quando il governo cinese possedeva tutte le aziende e non era ammessa la proprietà privata, non hanno più l'importanza di un tempo nell'economia nazionale ma continuano a mantenere un ruolo rilevante;

2. imprese cinesi private. Questo tipo di imprese sta rapidamente diventando la spina dorsale dell'economia cinese, con un supporto sempre maggiore da parte del governo;

3. imprese a partecipazione straniera. Investitori stranieri da ogni angolo del mondo, società di tutte le dimensioni, dalle più piccole alle multinazionali, continuano ad essere fortemente attratte dalla Cina.

Negli anni '70, circa l'80% del PIL cinese era generato da imprese statali. Queste davano lavoro a centinaia di milioni di persone, mettendo loro a disposizione anche un'abitazione e un supporto medico. Erano i tempi degli operai cinesi in bicicletta e della scodella di riso garantita a tutti. Tuttavia, molte di queste imprese non producevano utili, semplicemente perché non era il loro obiettivo.

Il loro *output* produttivo era interamente predefinito dal governo sulla base di esigenze di occupazione di forza lavoro, senza alcun interesse alle reali esigenze di mercato, in una logica perfettamente aderente all'ideologia socialista.

Questo modello però, non poteva durare a lungo e, con la riforma dell'economia cinese, fu drasticamente cambiato. Il governo decise di tenere in vita solo le migliori imprese statali e di chiudere brutalmente le altre, con un processo alquanto doloroso per tutti quei lavoratori che videro svanire in un attimo la loro sicurezza economica, senza peraltro possedere le capacità professionali per potersi ricollocare con successo in altre aziende.

Attualmente, la Cina conta appena 20.000 imprese statali, contro le 120.000 che esistevano a metà degli anni '90. Visitare queste imprese oggi è un'esperienza affascinante e che in qualche modo ci può dare un'idea di come fosse la Cina prima della riforma sociale.

Ricordo, ad esempio, la prima volta che misi piede in una di queste aziende, una fabbrica di materie plastiche nel Nord della Cina, gestita con modalità che ricordavano da vicino quelle militari. Guardie all'entrata che si producevano in saluti "al basco" all'arrivo degli ospiti, dirigenti dell'azienda vestiti tutti uguali, di grigio e con delle stellette sul petto a indicare il loro grado.

Rigido cerimoniale per l'arrivo degli ospiti, accoglienza degli stessi nella grande sala riunioni, dove troneggiava una gigantografia di Mao alla parete, e l'impressione di un ambiente dove vigevano un'enorme disciplina e rigore, a partire dagli operai che camminavano per la fabbrica a testa bassa, senza scambiare una sola parola tra di loro e in fila indiana.

Alle pareti della fabbrica erano appesi cartelloni con slogan comunisti che invitavano alla disciplina e al lavoro cosciente.

Mi venne allora in mente la situazione presente in molte fabbriche italiane che ho avuto occasione di visitare negli anni, dove spesso gli operai lavorano con radio accese e musica a tutto volume, passano molto tempo alla macchinetta del caffè a parlare di sport o di politica; alle pareti, poi, vi sono spesso calendari di pin up e modelle in abiti succinti. Il contrasto con quella fabbrica cinese era veramente evidente!

Ad ogni modo, per sottolineare maggiormente il ruolo che le imprese statali svolgono in Cina, si può citare il fatto che nella lista delle prime 500 società al mondo (Fortune 500) sono presenti attualmente 37 aziende cinesi, tutte statali. Il governo cinese, tuttavia, sa perfettamente che, per sostenere la crescita che ha contraddistinto il paese negli ultimi anni, il supporto alle imprese private deve essere una priorità assoluta. La comprensione di questo concetto non è stata facile in un paese che ha fatto dell'ideologia socialista la sua bandiera per molto tempo.

È un fatto innegabile che le imprese private contribuiscano a creare occupazione e siano le principali responsabili del "miracolo economico cinese". Il supporto del governo è rivolto soprattutto alle piccole e medie imprese private, che hanno spesso più difficoltà di accesso al credito e minori economie di scala.

Queste piccole e medie imprese rappresentano il 99% di tutte le imprese cinesi e il loro numero totale si aggira attualmente intorno ai 5 milioni. Esse contribuiscono per oltre il 60% all'*output* produttivo cinese e stanno creando la prima ondata di cinesi veramente ricchi, intesi come milionari in USD.

Per far capire meglio quanto il governo cinese supporti la piccola e media impresa privata, si può citare un dato del gennaio del 2009 durante il quale sono stati stanziati dalle banche cinesi, su precise indicazioni del governo, 190 miliardi di euro di prestito per le aziende, per fare fronte alla crisi finanziaria. Il governo cinese ha inoltre stanziato 480 miliardi di euro per sostenere l'economia reale. Queste cifre, rapportate alla situazione e allo scenario italiani, appaiono fantascientifiche.

Per quanto riguarda gli investimenti stranieri, il governo cinese ha dovuto operare negli ultimi anni una decisa opera diplomatica nei confronti dell'opinione pubblica mondiale a riguardo della stabilità del proprio sistema politico e sociale, atta a rassicurare le società straniere sul fatto che investire in Cina non fosse in fondo una mossa troppo rischiosa.

Questo processo di rassicurazione ha subito brusche battute d'arresto a causa di avvenimenti come quello della già citata Piazza Tienanmen, che hanno rischiato di compromettere la fiducia degli investitori stranieri; fortunatamente queste emergenze sono rientrate, ma non senza lasciare ampi strascichi di diffidenza.

Molte delle società estere presenti in Cina attualmente producono grossi profitti economici. I fatti ci dicono comunque che le maggiori multinazionali mondiali sono presenti oggi sul territorio cinese e che la Cina sta continuando a essere un'enorme calamita per gli investimenti stranieri.

SEGRETO n. 11: le impresi statali cinesi non hanno più il

peso quantitativo che esercitavano negli anni passati sull'economia ma, a livello qualitativo, costituiscono ancora una forza imponente.

Nel prossimo capitolo, andremo ad approfondire maggiormente alcuni aspetti fondamentali legati al fare business in Cina.

RIEPILOGO DEL GIORNO 2:

- SEGRETO n. 6: conoscere le basi della storia cinese può rivelarsi molto utile per capire la mentalità e il *background* dei cinesi, oltre che per mostrarsi seri e motivati a fare affari in Cina.

- SEGRETO n. 7: conoscere le basi della struttura del sistema politico cinese può rendere più agevole lo svolgimento di attività di business in Cina, specialmente per l'ottenimento delle varie autorizzazioni governative necessarie.

- SEGRETO n. 8: conoscere i valori principali del confucianesimo, che governano la società e la cultura cinesi, può essere un grosso vantaggio per un'interazione di successo con partner cinesi.

- SEGRETO n. 9: imparare qualche parola, o qualche espressione, in cinese può contribuire a instaurare relazioni di business vincenti in Cina.

- SEGRETO n. 10: la scelta del tuo interprete cinese è fondamentale e può contribuire sostanzialmente al tuo successo o fallimento. Per fare questa scelta in modo vincente bisogna seguire delle semplici regole.

- SEGRETO n. 11: le impresi statali cinesi non hanno più il

peso quantitativo che esercitavano negli anni passati sull'economia ma, a livello qualitativo, costituiscono ancora una forza imponente.

GIORNO 3:

Come iniziare a fare business in Cina

Avere lo stato mentale giusto

Abbiamo già visto che decidere di fare affari in Cina è qualcosa che va ponderato molto attentamente e che necessita di un notevole lavoro di preparazione; se vuoi massimizzare le tue possibilità di successo al momento di passare all'azione.

È fondamentale affrontare il progetto con lo stato mentale giusto, non aspettandoti di trovare in Cina una terra promessa che risolverà di colpo tutti i tuoi problemi, ma neppure un territorio costellato di insidie e difficoltà, che vedrà sistematicamente vanificati tutti i tuoi sforzi.

Una visione realistica delle opportunità presenti in Cina e di come le puoi concretamente sfruttare, con i mezzi e nella situazione in cui ti trovi attualmente, è il primo passo vincente verso il raggiungimento dei tuoi obiettivi in Cina.

In questo processo di valutazione, il mio consiglio è di tenere presenti le seguenti linee guida:

1. dovrai avvalerti di una qualche forma di supporto esterno. Pensare di portare avanti un progetto in Cina senza alcun supporto esterno è un'idea poco realistica. Consulenti tecnici, legali, strategici, contabili, ti saranno necessari per poter venire a capo delle molte sfide che incontrerai. Dovrai individuarli e dovrai destinare del *budget* a queste voci.

2. Se non hai esperienza con la Cina e fai una stima di tempi e costi che il tuo progetto può generare, raddoppia questi valori e avrai dei dati vicini alla realtà. La Cina presenta moltissimi costi "nascosti", dovuti in parte alla distanza geografica del paese dall'Italia e in parte all'inefficienza di alcune infrastrutture locali.

I tempi sono generalmente lunghi e la pazienza è la prima dote di cui avrai bisogno per fare affari in questo paese. Se sei un tipo impaziente, che vuole vedere in tempi brevi i risultati delle sue azioni, probabilmente questo paese non fa per te.

3. All'interno della tua azienda dovrà esserci una persona che sarà responsabile del "progetto Cina" fin dall'inizio e dovrà coordinarne tutti gli aspetti, prevedendo frequenti viaggi nel paese. Ho già parlato di questo punto nel capitolo precedente ma, vista la sua importanza, è bene ricordarlo.

4. In Cina bisogna essere fermi nel proposito, ma molto flessibili nell'approccio. La strategia per raggiungere i tuoi obiettivi di business potrebbe non essere centrata dall'inizio e avere bisogno di correzioni lungo il cammino. Preparati a essere flessibile e aperto e a rivedere frequentemente sia il tuo approccio al progetto che le tue strategie.

5. Non fare troppo affidamento sui risparmi che intendi generare grazie al basso costo del lavoro in Cina. Questi risparmi, sebbene presenti, non devono essere il motivo principale per cui ti interessi alla Cina. Vedremo infatti nel capitolo dedicato alla produzione in Cina che ci sono molti costi nascosti legati a questo aspetto, che rendono i risparmi sulla mano d'opera molto meno consistenti di quanto si possa pensare inizialmente.

6. Focalizzati su un obiettivo alla volta. Supponiamo che tu voglia spostare la tua produzione industriale in Cina per rifornire un tuo cliente americano e poi iniziare a vendere anche all'interno del mercato cinese. Inizialmente, dovrai focalizzarti solo sul primo obiettivo, tralasciando completamente il secondo.

Lavorare su entrambi i fronti rischierebbe di portarti verso un rapido fallimento, vista la complessità e la diversità di questi due progetti, che causerebbero certamente una dispersione delle tue risorse.

7. Pensa da subito a una protezione intellettuale del tuo *brand*. Registrare il proprio *brand* in Cina è un processo poco dispendioso ma molto lungo, che va iniziato prima possibile. Conosco società che hanno intrapreso questo processo solo a scopo cautelativo, senza avere ancora intenzione di fare business in Cina. A mio giudizio una saggia decisione.

8. Vendere in Cina non è facile e richiede tempi molto lunghi. Se hai intenzione di vendere il tuo prodotto, considera un lungo

periodo di *startup* in cui probabilmente non avrai alcun utile da questa operazione (vedremo meglio questo punto all'interno del capitolo dedicato alla vendita in Cina).

9. Attento a non sovrastimare i possibili utili derivanti dalla tua operazione in Cina. I numeri della Cina e le promesse di zelanti consulenti possono darti un'idea distorta della realtà.

In Cina, come in ogni altro mercato, ogni progresso e ogni successo vanno guadagnati con il lavoro e si ottengono solo con grandi dosi di impegno e dedizione. La Cina non è una terra dei miracoli, non mi stancherò mai di ripeterlo!

Mi auguro che i punti qui sopra contribuiscano a darti una visione reale della Cina: un paese ricco di opportunità ma assolutamente non facile e non diverso, in termini di impegno e risorse richieste, da qualsiasi altro mercato estero.

Infine, va citato il fatto che in Cina sono presenti attualmente circa 600 aziende italiane che operano con successo nel paese, un numero solo di poco al di sotto della media europea e che dimostra che riuscire in questa attività è certamente possibile, se la si affronta nel modo giusto.

SEGRETO n. 12: la Cina va affrontata con lo stato mentale giusto, senza esagerare con le aspettative e coi timori, ma focalizzandosi sui propri obiettivi ed effettuando un adeguato lavoro di preparazione.

Il primo viaggio in Cina

Abbiamo visto che andare fisicamente in Cina è uno dei primi passi necessari per rendersi conto della realtà del paese e per capire poi come proseguire nella direzione giusta. Il tuo primo viaggio in Cina dovrebbe essere effettuato nella prima fase di valutazione di una qualsiasi attività nel paese: quando hai un'idea anche vaga di cosa potrebbe fare la tua azienda in Cina, oppure se ne hai più di una e vuoi chiarirti le idee.

Il primo punto fondamentale è definire degli obiettivi chiari per il tuo viaggio. Gran parte del successo di questo viaggio, come pure dei successivi, risiede nella tua preparazione dello stesso quando sei ancora in Italia.

Che cosa vuoi ottenere con questo viaggio? Vuoi renderti conto della realtà cinese? Vuoi visitare delle fabbriche di potenziali fornitori? Vuoi entrare nei supermercati cinesi e vedere quali prodotti e a quali prezzi sono presenti sugli scaffali? Gli obiettivi possono essere molteplici, a seconda delle tue ambizioni di business. Ad ogni modo, i miei consigli per la preparazione strategica del primo viaggio in Cina sono i seguenti:

1. fai quanta più ricerca possibile sul tuo soggetto di interesse prima di partire. Tutto quello che puoi capire o valutare dall'Italia deve già fare parte del tuo bagaglio culturale prima di mettere piede in Cina;

2. prendi quanti più contatti possibili con persone in loco, fissando incontri con loro. Ciò può essere ottenuto in vari modi ma il più efficace è quello di farsi supportare da un consulente o da una persona di fiducia che sta già operando in Cina e che è fisicamente presente sul posto;

3. definisci per iscritto l'obiettivo principale del tuo viaggio e alcuni obiettivi secondari. Per ognuno di questi obiettivi, scrivi una lista di azioni che ti aiuteranno a raggiungerlo e inizia a collocare queste azioni all'interno della tua agenda durante la permanenza in Cina;

4. indaga dove e quando si svolgono le più importanti fiere espositive del tuo settore. Quello potrebbe essere il momento migliore per andare in Cina, abbinando il tuo viaggio alla visita di una di queste fiere.

Per farti un esempio pratico di quanto espresso sopra, posso ricordare il primo viaggio in Cina di un imprenditore edile, che comprava e rivendeva rivestimenti termici per l'edilizia e aveva in progetto di iniziare ad acquistarli dalla Cina, per poter incrementare notevolmente i margini di profitto della sua azienda.

Il primo passo che fece, dall'Italia, fu quello di entrare in contatto con un consulente che operava in Cina, richiedendogli uno studio preventivo del mercato cinese di questi prodotti, dove venisse evidenziato chi fossero i maggiori produttori, dove fossero localizzati geograficamente e gli venissero fornite già alcune quotazioni di prezzo, seguite poi dall'invio di campioni di materiale.

Una volta verificato che il prodotto corrispondeva effettivamente alle esigenze richieste, l'imprenditore iniziò a preparare il suo primo viaggio in Cina. L'obiettivo principale del viaggio era quello di visitare queste fabbriche di rivestimenti termici, capire se gli standard produttivi e logistici fossero per lui accettabili e poterle così includerle tra i propri fornitori.

Come obiettivi secondari, aveva quello di incontrare di persona i responsabili delle fabbriche, per stabilire un rapporto personale con loro che lo avrebbe facilitato in caso di negoziazione e nella costruzione di una *partnership*, e quello di capire meglio la realtà cinese del suo settore, per valutare eventualmente nuove idee di business.

A questo scopo, oltre all'organizzazione della visita di due fabbriche, l'imprenditore organizzò una sua visita di due giorni all'importante fiera campionaria di Canton. Il viaggio fu molto soddisfacente per l'imprenditore, che, qualche mese dopo, completò il suo primo ordine di un *container* di questi prodotti, acquistato presso una delle due fabbriche che aveva visitato.

Inoltre, visitando la fiera, ebbe l'idea di iniziare a importare in Italia delle poltrone da massaggio cinesi, creando così una differenziazione rispetto al suo business principale e l'opportunità di una nuova fonte di guadagno. Se l'imprenditore fosse partito per il primo viaggio in Cina con le idee confuse e senza aver programmato nel dettaglio il suo viaggio, probabilmente non avrebbe avuto risultati altrettanto soddisfacenti.

SEGRETO n. 13: il tuo primo viaggio in Cina va attentamente preparato, definendo un obiettivo principale e due o tre secondari.

Dopo aver parlato degli aspetti strategici e degli obiettivi del tuo primo viaggio in Cina, diamo una rapida occhiata agli aspetti pratici e logistici più importanti legati a questa prima trasferta.

La prima e più ovvia considerazione da fare è che per andare in Cina ci vuole un visto dell'ambasciata. Avrei tranquillamente omesso questo suggerimento, se non mi fosse recentemente capitato di sapere da un'imprenditrice del Sud Italia che, durante il suo primo viaggio in Cina, era stata fermata al banco del *check-in* dell'aeroporto della sua città italiana di partenza perché si era dimenticata di questo dettaglio fondamentale. L'imprenditrice, costretta a rinunciare al viaggio e impossibilitata a partecipare a un'importante fiera cinese in cui erano esposti i suoi prodotti.

Per ottenere un visto per la Cina, esistono principalmente due modi:

1. occuparsene in Italia, tramite un'agenzia specializzata. Considera almeno una settimana lavorativa per l'operazione e un costo, al momento della stesura di questo ebook, intorno ai 100 Euro, incluse le spese di agenzia. Non è necessaria una lettera di invito da parte di una società cinese ed è consigliabile richiedere un visto turistico. Prima delle Olimpiadi di Pechino si poteva richiedere un visto multi entrata di affari, procedura che è stata in seguito sospesa e, a quanto pare, solo recentemente riattivata. Ad ogni modo, dato che le cose cambiano rapidamente, puoi informarti presso la tua agenzia a riguardo delle differenti modalità esistenti;

2. recarsi prima a Hong Kong, dove non è necessario avere un visto, e richiedere in loco il visto per la Cina. Questa procedura, che io di solito prediligo data la maggiore rapidità e i minori costi (ammesso che vi sia comunque un altro interesse a recarsi a Hong Kong, altrimenti è sconsigliabile visto l'incomodo

logistico), è molto semplice ed efficace. Si acquista un biglietto aereo per Hong Kong senza visto, si prenota il proprio hotel a Hong Kong e, appena arrivati, si chiede alla reception dell'hotel qual è il modo più rapido per ottenere un visto per la Cina. La maggior parte degli hotel di un certo livello a Hong Kong ha al suo interno un'agenzia di viaggi, che in 24 ore (durante i giorni lavorativi) può procurarti il visto a un prezzo spesso inferiore del 50% rispetto a quello richiesto in Italia. Questa procedura si può attuare anche in caso di viaggi urgenti, ove non si disponga dell'intervallo di tempo necessario per richiedere un visto in Italia e ciò giustifichi i costi aggiuntivi dovuti alla permanenza forzata a Hong Kong.

Per la prenotazione del volo dall'Italia (normalmente su Shanghai, Hong Kong o Pechino) e dell'hotel è preferibile non rivolgersi a un'agenzia di viaggi (a meno che non ve ne sia una di fiducia che collabora con l'azienda da molti anni), ma occuparsene personalmente utilizzando uno dei numerosi siti di prenotazione *online*.

Prenotare da soli permette spesso di cogliere le migliori

opportunità in termini di prezzo e orari e di non aver spiacevoli sorprese a riguardo della tipologia del volo e della sistemazione. Molte compagnie aeree europee hanno voli verso la Cina con scali intermedi. Personalmente consiglio compagnie aeree europee che facciano scalo in aeroporti comodi e ben serviti, come ad esempio Parigi, Londra o Helsinki. La nostra compagnia di bandiera, attualmente, ha pochi voli diretti e non è tra le più convenienti a livello di costi.

Per la prenotazione dei voli interni e degli hotel nelle città minori, è preferibile fare riferimento a un'agenzia di viaggi cinese, oppure assegnare il compito a una persona di fiducia che operi già in Cina. I risparmi sono spesso notevoli.

Il mio consiglio è di scegliere sempre un hotel internazionale oppure un hotel cinese di categoria superiore. A parte gli standard della sistemazione, il problema principale da non trascurare può essere la comunicazione con il personale dell'hotel stesso. Spesso nessuno parla inglese o ne parlano uno talmente incomprensibile che è come se non lo parlassero.

Mi ricordo di una volta a Canton: quando arrivai dall'aeroporto era tarda sera e, con molti hotel al completo per la fiera in corso, ero stato costretto a optare per un hotel a tre stelle. Appena arrivato in camera, non avendo ancora cenato, cercai di spiegare al personale dell'hotel che desideravo qualcosa da mangiare, qualsiasi cosa.

A quei tempi non avevo ancora iniziato a studiare la lingua cinese (e proprio questo fu uno degli episodi che mi fece capire quanto questo passo fosse necessario, volendo continuare a operare in Cina!) e, nonostante tutta la mia buona volontà, e sicuramente anche quella del personale dell'hotel, non riuscii in alcun modo a far capire che desideravo mi portassero del cibo in camera.

Continuavano a ripetermi (almeno dai gesti è quello che capivo) che il ristorante dell'hotel era chiuso e che c'era un *fast food* nei paraggi. Finii appunto per mangiare al *fast food*, dopo una lunga e completamente inutile discussione con una *receptionist* sempre più mortificata.

Se arrivi per la prima volta a Shanghai, come avviene spesso per gli uomini d'affari stranieri, ti possono essere utili i seguenti consigli logistici:

1. per andare dall'aeroporto al centro città è consigliabile utilizzare il treno a levitazione magnetica Maglev, che si prende all'interno dell'aeroporto internazionale di Pudong e, a una velocità di oltre 430 km/h (durante il giorno, la sera e la mattina la velocità è leggermente ridotta), in 8 minuti conduce al terminal situato sempre dallo stesso lato del fiume (Pudong). Tieni presente che, da qui, avrai bisogno comunque di un taxi per recarti al tuo hotel;

2. i taxi sono estremamente economici (almeno per i nostri standard) e sono il miglior mezzo per muoversi in città. Esistono tuttavia due insidie: il traffico intenso nelle ore di punta e la scarsa reperibilità di taxi liberi quando piove o in zone particolarmente frequentate in certe ore del giorno. Attenzione anche ai taxi di colore rosso che, per un motivo che nessuno è mai riuscito a spiegarmi con certezza, sono molto spesso condotti da autisti disonesti e poco coscienziosi in fatto di sicurezza stradale. Opta, se puoi, per quelli di colore bianco o celeste;

3. la metropolitana è efficiente e facile da prendere (con istruzioni

per acquistare i biglietti e mappe delle fermate in inglese) ma ti devi preparare psicologicamente a entrare in contatto con masse enormi di persone, specialmente se passi per punti nevralgici come People's Square. A differenza, però, di città come Parigi o New York, dove tutti camminano in modo deciso e sembra abbiano una chiara direzione in mente, a Shanghai la massa della gente ha un'andatura più rilassata e sembra un po' più disorientata e meno focalizzata sull'obiettivo finale;

4. la città è divisa dal fiume Yangtze in due parti, Pudong e Puxi. Pudong è la nuova zona industriale, dove si sta insediando la maggior parte delle società straniere, complice lo sviluppo edilizio rapidissimo degli ultimi anni. Tuttavia, la maggior parte delle attività di business viene ancora svolta a Puxi. Tieni presente che per passare da una parte all'altra del fiume, con tunnel o ponti, spesso è necessario molto tempo a causa del traffico. Se i tuoi contatti sono localizzati da una parte del fiume, ti sconsiglio di scegliere il tuo hotel da quella opposta.

Altri aspetti pratici

Vediamo in questo paragrafo altri aspetti pratici che potrebbe essere utile conoscere una volta che ti troverai sul territorio cinese. In Cina la moneta utilizzata è lo yuan, detto anche reminbi (RMB). Il modo migliore di procurarselo, a mio giudizio, è quello di utilizzare le macchine ATM (Bancomat) che sono presenti praticamente ovunque nelle grandi città, esattamente come si fa in Italia. Ce ne sono nei principali aeroporti internazionali cinesi, quindi anche se si parte sprovvisti di moneta cinese, si può risolvere il problema appena arrivati, prima di lasciare l'aeroporto.

In alternativa puoi utilizzare i banchi di cambio valuta presenti all'aeroporto stesso o nel tuo hotel ma io lo sconsiglio, visti i tassi di cambio di solito sfavorevoli, dovuti al fatto che queste strutture devono generare un utile dall'operazione sotto forma di commissione. Infine, se hai occasione di andare in banca, puoi naturalmente cambiare i tuoi Euro o USD in RMB al tasso corrente e con una commissione bassa.

Quando starai per lasciare la Cina, dovrai riconvertire i tuoi RMB in euro all'aeroporto, dato che la moneta cinese non è convertibile al di fuori del paese.

Il fatto curioso riguardo alle banconote RMB, oltre a presentare l'effige di Mao rigorosamente su ogni taglio, è che quella di maggior valore è attualmente la banconota da cento RMB, dal valore odierno di circa dieci euro. Ciò vuol dire che i cinesi, se volessero effettuare acquisti in contanti di una certa portata, sono spesso obbligati ad avere voluminosi mazzi di banconote nel portafogli. Le maggiori carte di credito sono accettate in Cina, specialmente negli hotel e nei ristoranti frequentati da occidentali.

Per quanto riguarda l'alimentazione, in Cina si possono vivere delle memorabili esperienze culinarie, grazie a un'abbondanza di ristoranti ottimi ed economici, che presentano cucine tipiche delle varie parti del paese. Naturalmente nelle grandi città sono presenti ristoranti internazionali, compreso un altissimo numero di ristoranti italiani (onnipresenti nel mondo), anche di ottima qualità.

Il mio consiglio è quello di farti sempre suggerire da qualcuno dove andare a mangiare, per evitare brutte sorprese. Ci sono inoltre molte guide turistiche valide sulla Cina che potrebbero esserti di aiuto (la Lonely Planet e la Rough Guide, solo per citarne due, sono a mio giudizio tra le più autorevoli) e che presentano ampie sezioni dedicate alla scelta dei ristoranti nelle principali città cinesi.

Tieni presente che nei ristoranti cinesi a volte può essere difficile la comunicazione con il personale e che in alcuni casi i menù dei cibi sono scritti solo in cinese, quindi bisogna indicare ai camerieri cosa si vuole. Nei casi migliori, il ristorante è dotato di pannelli con foto delle pietanze e spesso queste sono presenti all'interno del menù stesso; in quelli meno attrezzati, un metodo che funziona sempre è quello di individuare nei piatti degli altri avventori del ristorante qualcosa di tuo gradimento e semplicemente far capire al cameriere che desideri la stessa cosa.

Trovandoti in Cina, non sarai sorpreso del fatto che il tè ti verrà sistematicamente servito appena preso posto a tavola ed è gratuito. Tieni presente che la maggior parte dei ristoranti cinesi chiude presto la sera e che dopo le 22,00 può essere difficile trovare un posto dove mangiare. Nelle grandi città sono presenti tuttavia i fast food di grandi catene internazionali, tipo Mc Donald o Burger King, aperti 24 ore per qualsiasi evenienza.

Per quanto riguarda la sicurezza, la Cina è generalmente un paese molto sicuro, dove la microcriminalità è praticamente assente. In nessun'altra città al mondo mi sentirei sicuro a camminare di notte per strade deserte, come a Shanghai. Ovviamente, specialmente nei posti molto frequentati dai turisti, qualche borseggiatore si può aggirare per le strade, quindi è necessario tenere gli occhi aperti e non provocarli esponendo in bella vista denaro o oggetti di valore.

Non bisogna ad esempio fare come ha fatto mia moglie la prima volta che è stata in Cina, quando ebbe l'idea di riporre il portafogli in uno zainetto e camminare in una delle vie turistiche principali di Shanghai: il portafogli sparì rapidamente e sarebbe stato difficile attendersi un epilogo differente in quel caso.

Per le comunicazioni in Cina, ti consiglio di acquistare una scheda SIM cinese, che viene venduta in tutte le edicole (basta fare il segno del telefono con la mano al negoziante, di solito funziona!) e, al costo di 100 RMB, permette di utilizzare il proprio cellulare con un numero cinese. Le chiamate e gli SMS sulla Cina sono estremamente economici, rispetto ai nostri standard. Avere un numero cinese ti permetterà di comunicare in modo efficiente e rapido con i tuoi contatti cinesi.

La negoziazione con i cinesi

In questo paragrafo tratteremo uno dei temi più delicati riguardanti il fare affari in Cina, quello della negoziazione con i tuoi interlocutori cinesi. Si tratta di una vera e propria arte, di cui è certamente utile apprendere i fondamenti e le regole principali, allo scopo di massimizzare le tue possibilità di successo, ma dove molto è lasciato anche all'inventiva e all'estro personale.

Un primo fattore fondamentale è il tempo. A meno che tu non sia residente in Cina, le tue controparti cinesi sanno che tu, prima o poi, dovrai tornare nel tuo paese e che solitamente hai esigenza di tornare a casa con la negoziazione conclusa. Questo fattore è spesso usato dai tuoi interlocutori a loro vantaggio, con la classica tecnica di spingerti a prendere le decisioni più importanti della negoziazione a ridosso della tua partenza, quando il tempo a tua disposizione è poco e hai una maggiore pressione a trovare un accordo.

Per ridurre questo rischio e non dare questo vantaggio ai tuoi interlocutori, io consiglio sempre di rimanere vaghi sulla propria data di partenza, mandando al contrario tutti i segnali possibile in merito al fatto che si ha moltissimo tempo a disposizione e che, se necessario, si può tranquillamente rimandare la data della propria partenza fino al raggiungimento di un accordo. Questo atteggiamento di solito scoraggia i cinesi dall'usare il fattore tempo in modo strumentale ai fini della negoziazione.

SEGRETO n. 14: nelle negoziazioni, i cinesi spesso usano l'arma del tempo, per questo è sempre bene rimanere generici sulla propria data di ritorno in Italia e sul proprio tempo a disposizione per concludere la negoziazione.

Altre tattiche spesso utilizzate dai cinesi per avere successo nelle negoziazioni con gli occidentali sono le seguenti:

1. sfruttare il fatto che l'occidentale sia appena arrivato in Cina e non abbia ancora assorbito il *jet lag*: lunghe riunioni vengono appositamente organizzate subito a ridosso dell'arrivo dell'ospite, cercando di trarre vantaggio dalla sua poca lucidità dovuta al viaggio. Per evitare ciò, io consiglio di aspettare come

minimo 24 ore dal proprio arrivo in Cina, prima di intraprendere una qualsiasi discussione con controparti cinesi. Alcune società americane hanno imposto questa policy ai loro dipendenti che trattano con la Cina e la mettono addirittura come condizione di accordo all'interno dei contratti con i cinesi;

2. spingere lo straniero ad assumere alcool in quantità eccessive, specialmente durante una cena, per poi organizzare una riunione molto presto la mattina seguente, dove verranno discussi temi strategici ai fini dell'accordo. Anche qui, con un po' di buon senso, si può evitare di cadere in questa trappola;

3. cambiare più volte il *team* di persone con cui si discute, in modo che si debba ripartire ogni volta da zero. Questa tattica punta allo sfiancamento dell'interlocutore;

4. accusarti di incongruenza. Questa è una delle tattiche preferite dai cinesi: sono attentissimi a qualsiasi contraddizione possa emergere da parte della loro controparte occidentale durante la discussione e la usano per mostrargli che non si sta comportando in modo coerente con loro, spingendolo quindi ad arretrare sulle sue posizioni di negoziazione. Per ovviare a questo punto, è necessario un ottimo allineamento tra tutti gli

interlocutori della tua parte che parteciperanno alla discussione con i cinesi. Se qualcuno di questi non segue le direttive o afferma qualcosa di non corretto, potresti trovarti in difficoltà in futuro, al momento della rettifica del punto in questione.

Proprio riguardo ai punti 2 e 3, posso ricordare un esempio personale. Avevo accompagnato nella città di Chengdu un imprenditore italiano che doveva discutere di un'importante fornitura di una materia prima farmaceutica da parte di un produttore cinese. Vi erano diversi punti di negoziazione, tra cui ovviamente il prezzo del prodotto, e sembrava che le due parti fossero molto lontane dall'accordo.

Dopo una riunione di molte ore, fummo invitati tutti a una cena in cui l'alcool scorreva a fiumi. Era evidente che i cinesi avevano interesse a far bere l'imprenditore ma anche loro non si risparmiavano, assumendo quantità di alcool incredibili.

Dopo la cena, fummo tutti condotti in un locale di *karaoke*, dove altro alcool ci attendeva. L'imprenditore, originario del Veneto, non voleva essere da meno rispetto ai migliori bevitori cinesi e finì la serata in uno stato pietoso.

Quando finalmente ci riaccompagnarono in hotel, verso le due di notte, fummo molto sorpresi dal venire a conoscenza che, la mattina seguente, la riunione era stata prevista per le ore otto. Mi chiedevo come avrebbero fatto i cinesi, anche loro totalmente in preda ai fumi dell'alcool, a recuperare in così poco tempo ed essere pronti per una nuova discussione di business. La risposta la ebbi qualche ora dopo quando ci svegliammo e ci presentammo in ufficio da loro. Il team di discussione del giorno prima era stato completamente sostituito da uno nuovo, fresco e riposato, che non ebbe difficoltà a concludere la negoziazione a delle condizioni favorevoli, prendendo l'imprenditore italiano e il sottoscritto sicuramente per stanchezza e sfinimento.

Come regola generale, i cinesi partono dal presupposto che chiunque intraprenda una negoziazione con loro, abbia in mente solo i propri interessi e, se necessario, sia pronto ad approfittarsi di loro.

Questa innata diffidenza, che come abbiamo visto nel primo capitolo di questo ebook deriva dalla travagliata storia cinese, può spesso trasformarsi in un ostacolo al fare business in Cina.

Qui di seguito alcune semplici regole che ti possono aiutare nel processo di negoziazione con i cinesi:

1. evidenzia sempre gli aspetti positivi possibili che potrebbero scaturire dal vostro futuro accordo, non solo per il tuo interlocutore ma anche per la Cina in generale. Se stai provando a vendere un prodotto italiano in Cina, puoi parlare di come il popolo cinese migliorerà la propria qualità di vita grazie all'uso del tuo prodotto, una volta che sarà disponibile sul loro mercato;

2. costruisci sempre una relazione personale con i tuoi interlocutori, cura molto l'aspetto sociale, parlagli della tua famiglia e della tua vita in Italia e chiedigli della loro;

3. non cercare in alcun modo di mettere pressione alle tue controparti cinesi per avanzare nel processo di negoziazione, ad esempio ponendo *ultimatum*, *deadline* o predefinendo uno schema temporale dei passi successivi. Ciò generalmente irrita i cinesi, che si sentono manipolati e tendono a uscire da questi

schemi in ogni modo;

4. considera sempre che, come avviene del resto in molti altri paesi del mondo, per un cinese accettare le tue condizioni iniziali è impensabile, così come è malvisto da parte tua accettare immediatamente e senza discutere tutte le loro condizioni. In questo caso penseranno che hanno sbagliato nel formulare la proposta, offrendo condizioni troppo vantaggiose per te. Trattare su tutti i punti di negoziazione è parte della cultura ed è un processo che i cinesi si aspettano.

Un altro punto fondamentale da conoscere nelle negoziazioni con i cinesi è che le loro decisioni, per quanto ti appaiano tali, potrebbero non essere definitive. Mentre in Occidente una stretta di mano o un accordo verbale è spesso sufficiente a confermare l'accettazione dei termini di una negoziazione, in Cina ciò che è stato concordato durante una riunione può essere completamente contraddetto dalla tua controparte, solo pochi giorni dopo l'incontro.

SEGRETO n. 15: le decisioni prese dai cinesi durante una negoziazione spesso non sono definitive e saranno oggetto di

molte revisioni e ripensamenti prima di essere convalidate.

A tale riguardo posso citare un esempio che ho vissuto di persona. Dovendo trattare con un importante distributore alimentare cinese la vendita di un *container* di gelato italiano in Cina, lo convincemmo a inserire all'interno del *container* anche qualche *pallet* di un altro prodotto che stavamo lanciando sul mercato cinese: delle torte congelate.

Questi *pallet* sarebbero stati inseriti a scopo promozionale, con uno sconto del 50% sul prezzo di listino, per osservare la reazione degli acquirenti cinesi ed eventualmente trattare un successivo contratto di fornitura.

Il titolare dell'azienda di distribuzione cinese diede il suo assenso a questa operazione, che per lui tra l'altro presentava pochissimi rischi.

Quando ci trovammo a definire i dettagli pratici della spedizione, il nostro interlocutore, senza alcun preavviso, ci comunicò che non intendeva inserire questi *pallet* aggiuntivi nel suo ordine di gelato, arrivando addirittura a negare di averlo mai affermato e, dietro nostri specifici riferimenti al dialogo che avevamo avuto in merito, arrivando persino a sostenere che ci aveva detto di sì per educazione, visto che sembravamo molto insistenti, ma che non aveva mai avuto intenzione di accettare, sin dall'inizio.

Fummo costretti addirittura a scrivere una lettera di scuse ufficiali, affermando che probabilmente avevamo frainteso le sue intenzioni e che promettevamo in futuro di essere più attenti all'espressione della sua volontà durante le nostre negoziazioni. Un comportamento diverso da parte nostra avrebbe seriamente compromesso le possibilità di un business proficuo con quell'azienda.

Da questo esempio, si evince anche un'altra importante distinzione relativa alla negoziazione con i cinesi: è praticamente impossibile che un nostro interlocutore cinese ci dica apertamente di no o rifiuti radicalmente davanti a noi una nostra proposta, anche se non ha la minima intenzione di accettarla.

Infatti, nella cultura asiatica, il rispetto per gli altri e il concetto di non mettere gli altri in imbarazzo sono estremamente sentiti e si preferisce usare degli eufemismi per rifiutare una proposta, del tipo: "ci dobbiamo riflettere bene" oppure: "potrebbe essere difficile" che, a un negoziatore occidentale esperto, devono suonare al pari di rifiuti netti e chiari.

I cinesi, per loro cultura, perdono la calma o dimostrano comportamenti iracondi molto raramente durante le negoziazioni. Sarebbe una violazione dei principi del confucianesimo. Tuttavia, sempre più spesso, questo nobile principio è stato sostituito dal pragmatismo e sempre più negoziatori cinesi stanno capendo che mostrarsi alterati o alzare la voce può intimidire le loro controparti occidentali. Non esitano dunque a utilizzare anche questa tecnica.

Il consiglio per te è di mantenere sempre la calma e di non cadere nella trappola, cercando sempre di farti rispettare, soprattutto se ritieni di avere ragione. I cinesi, quando litigano tra loro, possono essere di un'irruenza e di una scurrilità impressionanti.

Molto spesso mi è capitato di assistere a discussioni animate tra cinesi, anche di livello culturale alto, che non esitavano a ricoprirsi di insulti per questioni anche banali. La barriera della lingua, fortunatamente, impedisce loro di comportarsi allo stesso modo anche con gli occidentali.

Un'altra tattica spesso usata dai cinesi in caso di disputa è quella di fare riferimento ad affermazioni da noi fatte in passato, che corrispondono più o meno a verità. Frasi del tipo: "ma voi ci avevate detto" o "voi ci avevate promesso", sono all'ordine del giorno quando si negozia con i cinesi. Il consiglio è di mettere sempre tutto per iscritto, così facendo si potranno produrre prove concrete di quanto affermato in precedenza.

Scegliere la migliore struttura di business

Una delle scelte più importanti riguardo il tuo futuro business cinese è la scelta della tua struttura in loco. Non è necessario avere una tua struttura in Cina da subito, anzi il mio consiglio è un approccio *soft*, in cui inizialmente il tuo impiego di risorse sia limitato al minimo, fino a che gli sviluppi del tuo business non giustifichino impegni di capitali e logistici più consistenti.

A questo scopo, ti puoi rivolgere a una società di consulenza che operi sul mercato cinese e che diventerà il tuo primo punto di appoggio sul territorio. La sua struttura logistica in Cina diventerà temporaneamente il tuo ufficio estero nel paese. I costi sono sicuramente ridotti rispetto a un tuo impegno in prima persona. Esistono attualmente molte società di consulenza valide che possono svolgere proficuamente questo ruolo; tuttavia, come in tutti i settori, vi è anche una schiera di personaggi che propone questo servizio senza avere minimamente l'esperienza e la competenza per farlo.

Ecco di seguito alcuni consigli per selezionare bene un tuo consulente per la Cina:

1. è fondamentale che la società possieda un ufficio in Cina, con del personale cinese. Ora, possedere un indirizzo in Cina non è la stessa cosa che possedere un semplice ufficio. Esistono uffici virtuali oppure indirizzi completamente inventati. Appena puoi, recati sul posto a vedere fisicamente la struttura (o almeno fatti mostrare delle foto) e parla con il personale cinese del consulente (che deve essere in grado di comunicare fluentemente almeno in inglese);

2. prendi informazioni sugli altri progetti e sugli altri clienti con cui questo consulente ha collaborato. Effettua almeno una chiamata (idealmente due) a un altro cliente, chiedendo semplicemente un *feedback* sull'operato del consulente e sull'integrità delle persone. Se il consulente ti dice che non ti può rivelare i nomi degli altri suoi clienti per riservatezza, insospettisciti. Non stai chiedendo nessuna informazione riservata relativa ai progetti e del resto nessun cliente soddisfatto ha difficoltà a spendere qualche parola per aiutare qualcuno che ha creato del valore alla sua azienda;

3. assicurati che il consulente abbia un minimo di esperienza anche nel tuo specifico settore. Se, ad esempio, il consulente si è occupato finora solo di progetti di *sourcing* dalla Cina e tu hai intenzione di introdurre commercialmente il tuo prodotto nel paese, il consulente potrebbe non essere preparato a portare avanti con successo questo compito;

4. informati sul *background* personale e professionale dei tuoi interlocutori diretti. Quali sono le loro competenze? Che conoscenza hanno del tuo settore e della tipologia di progetto che vuoi intraprendere? Ti sembrano persone pragmatiche e affidabili? Qual è stato il loro percorso professionale? Verifica,

se possibile, tutte le informazioni che ti vengono date;

5. nella prima fase del tuo progetto, prima che vi siano dei risultati finanziari accettabili, il compenso del consulente non deve essere troppo elevato. Diffida da chi ti chiede cifre stratosferiche e crea, invece, un piano di compenso con il consulente strettamente legato ai risultati. Il consulente deve diventare a tutti gli effetti un tuo partner di business e non una voce di spesa a fondo perduto del tuo *business plan* cinese.

SEGRETO n. 16: un modo efficace di iniziare a essere presente in Cina è quello di affidarsi a una società di consulenza presente sul territorio. Per la scelta di questa società, tuttavia, bisogna verificare una serie di parametri fondamentali.

Nella seconda fase del tuo progetto, puoi pensare di creare una tua struttura sul territorio cinese. Anche in questo processo, l'aiuto di un valido consulente in loco può farti risparmiare tempo e denaro. Le possibilità per imprese straniere di insediare un loro ufficio in Cina sono attualmente le seguenti:

1. ufficio di rappresentanza (*Rep Office*);

2. impresa interamente a capitale straniero (*Wholly Foreign Owned Enterprise* o, più semplicemente, WOFE);

3. *joint venture* con socio cinese (JV).

La differenza fondamentale tra la prima tipologia e le altre due è la possibilità di fatturazione. Un *Rep Office*, infatti, non ha possibilità di emettere fatture e se hai intenzione di vendere un tuo prodotto in Cina, la fatturazione dovrà essere effettuata in ogni caso dalla società madre in Italia. Per un cliente cinese, spedire soldi alla tua banca italiana potrebbe rivelarsi un'operazione laboriosa, specialmente se la sua banca di appoggio non è solita effettuare transazioni con l'estero. Un *Rep Office*, tecnicamente, non è una società cinese ma una semplice estensione della tua società italiana, che può fare attività di consulenza, ricerca di mercato, supporto e collegamento con la tua sede italiana.

Questa struttura, molto semplice da creare (investimenti nell'ordine di qualche migliaio di euro e tempi di qualche mese) e che non richiede un capitale sociale proprio, può ricevere finanziamenti solo da conti bancari esteri per le proprie attività in Cina.

Per quanto riguarda l'assunzione di personale cinese, un *Rep Office* non ha facoltà di assumere direttamente impiegati e deve passare attraverso un'agenzia di lavoro governativa denominata *Foreign Enterprise Service Company* (FESCO ad esempio, ma ce ne sono diverse, come EFESCO, SFSC e altre).

Il dipendente da te selezionato sarà tecnicamente assunto da questa agenzia, che poi fornirà la risorsa al tuo *Rep Office*. Il pagamento del salario sarà trasmesso dal *Rep Office* all'agenzia, che tratterrà una percentuale e verserà all'impiegato la cifra pattuita.

Per quanto riguarda la tassazione dei *Rep Office*, il governo cinese ha trovato un interessante *escamotage* per assicurarsi che la cifra corrisposta allo stato sia proporzionata al giro di affari che l'ufficio gestisce. Si paga infatti il 10% delle spese sostenute dall'ufficio (questa cifra può essere inferiore in alcune zone economiche speciali), quindi un *Rep Office* viene a trovarsi nella paradossale situazione che più spende per la propria attività, più paga di tasse.

Alcune aziende straniere ovviano a questo problema finanziando l'attività del *Rep Office* tramite canali non ufficiali: questa pratica, oltre a essere completamente illegale, presenta anche rischi concreti di essere fortemente multati e di perdere il diritto a operare sul territorio cinese, quindi è assolutamente sconsigliata.

Per quanto riguarda le società a capitale straniero, che come abbiamo visto si distinguono in WOFE e JV, queste presuppongono progetti di più ampia portata sul territorio cinese, dato che necessitano di investimenti e di impegno logistico nettamente superiori a un semplice *Rep Office*.

Il concetto di società completamente a capitale estero in Cina è iniziato a esistere solo nei primi anni Novanta ed era inizialmente ristretto a pochi settori merceologici non strategici. Queste limitazioni stanno via via sparendo e sempre più aree di business sono aperte all'investimento straniero.

Le JV presuppongono la presenza di un partner cinese, il che può avere molti pro ma anche molti contro, a causa della differenza di mentalità tra noi e i cinesi e del loro diverso modo di fare affari.

La mia esperienza personale mi insegna che, nella maggioranza dei casi, le JV tra aziende italiane e cinesi finiscono male, generando dispute legali di ogni tipo. Tuttavia, effettuando una scelta coscienziosa, avere un socio cinese può dimostrarsi di grande utilità: per la sua conoscenza del territorio e della mentalità dei potenziali clienti cinesi della vostra JV, per la sua esistente struttura logistica e di distribuzione del prodotto sul territorio e per molti altri aspetti che una società puramente straniera avrebbe serie difficoltà a curare con successo.

La scelta del luogo in cui iniziare la tua attività in Cina è di fondamentale importanza e deve essere prevalentemente basata su fattori specifici, relativi al tuo business. La vicinanza con eventuali clienti o fornitori è ovviamente un elemento prioritario.

In Cina si distingue generalmente tra città di "prima, seconda e terza fascia". Pechino o Shanghai, megalopoli dove il costo della vita e del lavoro sono nettamente superiori rispetto al resto del paese, ma dove si svolge la maggior parte delle attività commerciali e finanziarie, sono, ad esempio, di "prima fascia".

Ci sono poi quelle di "seconda fascia", di dimensioni più ridotte rispetto alle prime (ma parliamo sempre di città con vari milioni di abitanti!) spesso in rapida espansione e sulla scia delle precedenti. Infine ci sono quelle di "terza fascia", che sono invece abbastanza lontane dall'avere lo sviluppo economico delle altre due tipologie, oltre che essere decisamente di dimensioni minori.

La scelta di ognuna di queste tipologie può presentare diversi vantaggi e svantaggi. Specialmente se la tua idea è quella di creare una realtà produttiva in Cina, anche la disponibilità della forza lavoro deve essere un fattore da tenere in considerazione.

La presenza di varie Zone Economiche Speciali (SEZ) all'interno della Cina, dove il governo offre interessanti incentivi per gli investimenti produttivi esteri, può allo stesso modo essere presa in considerazione. Anche in questo caso, l'aiuto di un consulente esperto di questa materia può rivelarsi per te fondamentale ai fini della scelta ottimale della *location* di business.

SEGRETO n. 17: la scelta della *location* della tua attività in

Cina deve essere basata principalmente su fattori specifici relativi al tuo business, come ad esempio la vicinanza a clienti e fornitori.

Altri aspetti burocratici

Analizziamo ora, in modo sintetico, alcuni degli aspetti burocratici con i quali ti dovrai confrontare durante il tuo progetto di business in Cina, specialmente se decidessi di stabilire una tua presenza fisica sul territorio, in una delle forme che abbiamo visto nei paragrafi precedenti.

Sia che tu decida di creare una società a diritto cinese (*Limited Liability Company*, l'equivalente della nostra SRL) oppure un *Rep Office*, dovrai richiedere un'approvazione a due importanti organi amministrativi: il Ministro del Commercio Cinese (MOFCOM) e l'Amministrazione Statale dell'Industria e del Commercio (SAIC).

In questo processo è fortemente consigliabile farsi assistere da una società di servizi cinese specializzata, che ti guiderà nei vari passi necessari. Un consiglio importante è quello di definire chiaramente il tuo "Scope of Business", ovvero le attività principali che la tua azienda cinese intende intraprendere.

Un'eventuale divergenza tra le attività dichiarate e quelle poi effettivamente svolte, potrebbe causare seri problemi alla tua azienda, tra cui la revoca della licenza di business stessa. Questo documento è quello che sancisce ufficialmente la nascita della tua società cinese.

Ricevere le approvazioni dal governo cinese può essere un processo lungo e logorante e non sono rari i casi di società che vedono la loro lunga attesa concludersi con un rifiuto.

È fondamentale presentare la tua nuova attività come qualcosa che porti dei benefici al paese e al suo sviluppo economico. La Cina è sempre molto interessata ad accogliere investimenti stranieri quando si verifichi almeno uno dei seguenti punti:
1. l'investimento straniero contribuirà a creare occupazione, dando nuove opportunità di lavoro a personale cinese;
2. ci sarà un trasferimento di tecnologia o di pratiche di *management* verso il paese, che potrà aiutare le aziende cinesi a

essere maggiormente profittevoli;

3. la nuova azienda straniera probabilmente genererà buoni flussi di cassa per lo stato, tramite il pagamento delle imposte sul reddito, delle imposte sullo sfruttamento del terreno ecc.

In altre parole, una richiesta di *business licence* in Cina dovrebbe sempre essere formulata evidenziando principalmente i benefici che lo stato cinese, e in particolare la provincia in cui si intende effettuare l'investimento, ne trarranno. Questi sono fattori prioritari di selezione per gli organi statali cinesi incaricati di vagliare le molte richieste che annualmente vengono inoltrate da società straniere.

Un altro aspetto burocratico importante è quello relativo all'assunzione di personale cinese per la tua azienda.

Il nuovo contratto del lavoro cinese, attivo dal 2008, ha introdotto molte modifiche rispetto al precedente, spesso nella direzione di fornire maggiori diritti ai lavoratori. Quando si assume un dipendente cinese, nel contratto devono essere specificati almeno quattro punti fondamentali:

1. *durata*. Si può siglare un contratto aperto, a tempo indeterminato, tanto quanto un contratto di durata limitata (minimo un anno) o a progetto, relativo a un compito specifico. Il contratto più diffuso è quello della durata di un anno, che consente di terminare il rapporto senza problemi alla fine del periodo, se la collaborazione non dovesse risultare proficua per l'azienda o per il lavoratore;

2. *descrizione delle mansioni*. Qui il consiglio è di essere quanto più specifici possibile. Una descrizione troppo generica renderebbe quasi impossibile terminare il rapporto di lavoro con un dipendente improduttivo, semplicemente adducendo come motivazione che non sta svolgendo correttamente il suo lavoro;

3. *salario e benefit*. I salari minimi nelle maggiori città sono oggi al di sotto dei 1000 RMB al mese ma dipendenti cinesi qualificati, che parlano bene l'inglese, nelle grandi città, iniziano ad avere un costo paragonabile ai loro colleghi europei. L'assicurazione sanitaria è obbligatoria e deve essere corrisposta dall'azienda;

4. *condizioni di termine del contratto*. Queste includono i termini di preavviso in caso di rescissione anticipata e le condizioni

economiche associate a questo evento.

Devo dire che all'interno della mia esperienza professionale in Cina, purtroppo mi è capitato più di una volta di dover terminare un contratto di collaborazione con un dipendente cinese prima della scadenza, sempre a causa di sua inefficienza o di gravi errori commessi, che rendevano impossibile la continuazione del rapporto. Non sono mai situazioni facili, sia da un punto di vista personale che amministrativo.

Il consiglio è sempre quello di cercare un accordo con la persona prima di far entrare in gioco aspetti legali. Spesso le richieste non sono esorbitanti e accettarle può far risparmiare molto tempo e denaro. Un consiglio fondamentale è quello di non dare mai troppo potere a un singolo impiegato, in modo che nel caso di un suo abbandono della struttura non verranno a crearsi problemi.

Un altro aspetto pratico importante è la gestione della parte finanziaria della tua azienda. Abbiamo già parlato della moneta cinese, l'RMB, solo parzialmente convertibile e il cui valore è controllato dallo stato piuttosto che da logiche di mercato.

Dovendo operare commercialmente in Cina, ti troverai a dover aprire un conto in una banca cinese. Fortunatamente, le maggiori banche internazionali sono presenti in Cina e questa operazione, almeno nelle grandi città, è oggi abbastanza semplice. Ci sono anche diverse banche cinesi che offrono un buon servizio ma, per mia esperienza, consiglio una banca internazionale giacché le numerose filiali presenti in tutto il mondo renderanno più agevole il trasferimento di valuta da e verso l'estero.

Normalmente, è necessario aprire due distinti conti bancari, uno in RMB per le spese in Cina e uno in valuta estera (USD o euro) per ricevere e mandare soldi all'estero. Tieni presente che un bonifico internazionale dalla tua banca italiana sul tuo conto cinese potrebbe richiedere di un periodo anche di due settimane per essere disponibile.

Questi tempi cambiano in funzione degli accordi presenti tra le banche in questione ma non vanno trascurati, specialmente quando c'è urgenza di avere liquidità nel tuo ufficio cinese.

Per quanto riguarda l'invio di utili finanziari prodotti in Cina verso l'estero, il governo cinese ammette questa operazione solo quando si verifichino le seguenti condizioni:

1. il capitale sociale della tua azienda cinese è interamente versato;

2. tutte le tasse applicabili su quei profitti sono state pagate in Cina;

3. la contabilità della tua azienda è stata sottoposta ad *audit* da parte di società accreditata per l'anno in corso relativo alla spedizione degli utili;

4. il totale degli utili spediti all'estero non deve eccedere il fatturato netto dell'azienda nell'anno in corso.

Sulla gestione finanziaria della tua azienda in Cina, così come sul sistema fiscale cinese, ci sarebbe molto da dire, con un dettaglio tecnico che esula dagli scopi di questo ebook. Ti invito quindi, se questo soggetto è per te di interesse, ad approfondire la questione tramite lettura di uno dei molti testi specifici che esistono in commercio sull'argomento.

Nei prossimi capitoli andremo ad analizzare maggiormente in dettaglio le principali attività di business possibili in Cina.

RIEPILOGO DEL GIORNO 3:

- SEGRETO n. 12: la Cina va affrontata con lo stato mentale giusto, senza esagerare con le aspettative e coi timori, ma focalizzandosi sui propri obiettivi ed effettuando un adeguato lavoro di preparazione.

- SEGRETO n. 13: il tuo primo viaggio in Cina va attentamente preparato, definendo un obiettivo principale e due o tre secondari.

- SEGRETO n. 14: nelle negoziazioni i cinesi spesso usano l'arma del tempo, per questo è sempre bene rimanere generici sulla propria data di ritorno in Italia e sul proprio tempo a disposizione per concludere la negoziazione.

- SEGRETO n. 15: le decisioni prese dai cinesi durante una negoziazione spesso non sono definitive e saranno oggetto di molte revisioni e ripensamenti prima di essere convalidate.

- SEGRETO n. 16: un modo efficace di iniziare a essere presente in Cina è quello di affidarsi a una società di consulenza presente sul territorio. Per la scelta di questa società, tuttavia, bisogna verificare una serie di parametri fondamentali.

- SEGRETO n. 17: la scelta della location della tua attività in Cina deve essere basata principalmente su fattori specifici relativi al tuo business, come ad esempio la vicinanza a clienti e fornitori.

GIORNO 4:

Come acquistare un prodotto dalla Cina

La fabbrica del mondo

La definizione della Cina di "fabbrica del mondo" si deve certamente alla sua capacità, unica nel panorama mondiale, di produrre una grande quantità di beni a costi ridotti, se comparati con quelli del mondo occidentale e con standard di qualità simili.

Come abbiamo già osservato, la Cina non è attualmente il paese con il minor costo del lavoro al mondo: diversi altri paesi asiatici presentano costi di manodopera nettamente inferiori, tuttavia il grado di industrializzazione del paese, unito a un costo del lavoro ancora molto interessante per il mondo occidentale, lo rende un luogo altamente privilegiato per la produzione estera.

Basti pensare che circa il 60% di ciò che è prodotto industrialmente sul territorio cinese è opera di aziende straniere, che producono in Cina per vendere prevalentemente nei loro paesi di origine, nel resto del mondo e, in minor parte, anche sul mercato cinese stesso.

SEGRETO n. 18: circa il 60% della produzione industriale cinese è dovuta ad aziende straniere che distribuiscono questi prodotti prevalentemente nei loro paesi di origine e nel resto del mondo.

Ecco perché la critica alla Cina che si sente spesso fare nei paesi più sviluppati, quella cioè di invadere i nostri mercati con i loro prodotti e di causare perdite di posti di lavoro, è fondamentalmente mal rivolta: andrebbe indirizzata piuttosto alle multinazionali dei nostri paesi che, come abbiamo visto, costituiscono oltre la metà della forza produttrice presente sul territorio cinese.

Vi sono poi alcuni prodotti per cui la Cina ha creato un vero e proprio monopolio intercontinentale. Basti pensare ai pannelli solari, di cui il 90% a livello mondiale è oggi prodotto in Cina. Attualmente, con poche eccezioni, è possibile trovare in Cina qualsiasi prodotto industriale o di consumo, a un prezzo conveniente e con standard di qualità accettabili. Le vere sfide consistono nel riuscire a trovare un fornitore che possa garantire una continuità quantitativa e qualitativa delle forniture oltre a tutta la gestione della parte logistica.

In questo capitolo parleremo degli elementi più importanti da considerare nella ricerca di un fornitore cinese, evitando gli errori più comuni e agendo in modo da massimizzare le possibilità di successo dell'operazione.

Riassumendo quanto detto sopra, possiamo quindi identificare tre ragioni distinte per cui potrebbe essere di interesse per la tua azienda approvvigionarsi di un qualche prodotto dalla Cina:

1. *prezzo di acquisto*. Specialmente per i prodotti definiti *labour-intensive*, ovvero dove la mano d'opera incide per una buona percentuale del costo finale del prodotto, la Cina può presentare enormi vantaggi. Il costo del lavoro, infatti, è nettamente inferiore rispetto a quello dei paesi più sviluppati;

2. *capacità di fornitura*. In Cina la scelta possibile tra i fornitori è vastissima: se ne possono agilmente qualificare diversi per ciascun prodotto da acquistare, evitando così di dipendere da

una singola fabbrica e ridurre di conseguenza la propria sicurezza e il proprio potere di negoziazione;

3. *potenzialità del mercato cinese.* La tua azienda potrebbe decidere, anche in un secondo tempo, di proporre il prodotto acquistato in Cina, ed eventualmente trasformato, all'interno del vastissimo mercato cinese stesso. Iniziare a costruire una *supply chain* in Cina e acclimatarsi con il paese e le sue procedure di business, inizialmente tramite il solo acquisto del prodotto, può costituire un primo importante *step* verso questo obiettivo.

Limitandoci invece a parlare dell'attività commerciale nei mercati in cui la tua azienda è già presente, ci sono almeno quattro interessanti prospettive che si possono aprire con l'acquisto di un prodotto dalla Cina e la sua commercializzazione nei tuoi mercati di riferimento:

1. *vendere della merce già prodotta ai tuoi clienti esistenti.* Acquistando quella stessa merce dalla Cina a un prezzo inferiore, potrai aumentare i tuoi margini di profitto vendendo i prodotti allo stesso prezzo a cui li proponevi precedentemente, oppure ridurre il tuo prezzo di vendita a parità di profitto, dando

la possibilità ai tuoi clienti di acquistare maggiori quantità e sviluppare a loro volta il proprio business;

2. *vendere un nuovo prodotto ai tuoi clienti esistenti.* Grazie alla fornitura dalla Cina, puoi inserire nel tuo portafogli nuovi prodotti che possono essere di interesse per tuoi clienti esistenti a cui stai vendendo altre merci. Esistendo già un rapporto commerciale e di fiducia tra le vostre aziende, non sarà difficile convincerli a fare un test con un nuovo prodotto a un prezzo vantaggioso;

3. *vendere un tuo prodotto esistente a nuovi clienti.* La possibilità di presentarti sul mercato a un prezzo inferiore, grazie all'acquisto in Cina, ti può far acquisire nuove quote di mercato, raggiungendo clienti particolarmente sensibili al prezzo che precedentemente consideravano il tuo prodotto troppo costoso rispetto a quelli dei tuoi concorrenti;

4. *vendere un nuovo prodotto a nuovi clienti.* Questo punto è il più complesso da realizzare, infatti dovrai occuparti di creare uno sviluppo commerciale, cercando nuovi possibili acquirenti tra coloro che finora non avevi considerato, in quanto non disponevi di un prodotto in grado di soddisfare le loro esigenze.

Due fattori critici

Attenzione però, non tutti i prodotti industriali possono essere vantaggiosamente acquistati in Cina. I costi di trasporto verso la destinazione finale possono rivelarsi eccessivi e rendere il progetto non profittevole. Un altro ostacolo potrebbe essere la qualità dei prodotti cinesi, non essere adeguata ai mercati in cui si intende commercializzare questi beni.

A questo proposito mi vengono in mente due esempi che ho vissuto in prima persona: il primo riguarda uno studio di mercato su una fornitura di cartongesso dalla Cina in cui mi trovai coinvolto alcuni anni fa.

Identificammo dei validi produttori, recapitammo dei campioni al nostro cliente e organizzammo con questo una visita ad alcune selezionate fabbriche nel nord della Cina. Il prezzo proposto dai cinesi era talmente basso (circa un terzo di quello a cui il cliente all'epoca acquistava il materiale) che non demmo il giusto peso al dettaglio del trasporto, che già nella prima fase di studio del progetto ci apparve abbastanza critico: il cartongesso infatti, per la sua conformazione morfologica, ha la caratteristica di occupare molto spazio e pesare poco, il che è un fattore alquanto negativo quando si deve spedire in un *container* il cui costo è calcolato in base al peso.

In altre parole, l'incidenza del trasporto sul singolo metro cubo di materiale, quando spedito in container da 40", rendeva il prezzo finale praticamente uguale, se non persino più alto, di quello a cui il nostro cliente stava correntemente acquistando il prodotto in Italia.

Cercammo in molti modi di risolvere questo problema, addirittura pensando di affittare una nave da 1000 ton, dove la grande quantità di prodotto avrebbe ammortizzato ampiamente i costi di trasporto. Non riuscimmo, però, a superare questo ostacolo e la fornitura cinese saltò, nonostante un prezzo di acquisto in Cina all'apparenza estremamente conveniente.

Un secondo esempio riguarda la fornitura di poltrone dentistiche (denominate tecnicamente "riuniti") in cui mi trovai coinvolto in una delle mie prime esperienze con la Cina diversi anni fa. Anche qui, il produttore cinese che avevamo identificato proponeva dei prezzi assolutamente convenienti per il mercato europeo, e sulla carta esistevano ottime possibilità di creare un business vantaggioso per il nostro cliente.

Anche il trasporto stavolta era stato considerato e non mutava le condizioni economiche favorevoli, a causa del consistente costo unitario dei prodotti. Tuttavia, stavolta fu la qualità dei prodotti a tradirci.

Nonostante il produttore cinese che avevamo selezionato fosse dotato di tutte le certificazioni possibili per vendere sui mercati europei, e stesse d'altro canto già vendendo in alcuni di questi mercati, questi riuniti, alla vista, apparivano veramente di bassa qualità, costruiti con materiali di seconda scelta e che certo non avrebbero invitato un paziente di un dentista italiano a prendervi posto per essere curato. L'operazione fu un *flop* totale e causò la perdita al cliente di una notevole somma di denaro.

SEGRETO n. 19: i due fattori solitamente più critici da valutare per l'acquisto di un prodotto in Cina sono: costi di trasporto elevati e qualità del prodotto non soddisfacente.

Qui di seguito ti propongo una lista di azioni che puoi intraprendere per analizzare al meglio questi due punti. Iniziamo dal trasporto:

1. chiedi al produttore cinese le composizioni esatte di un *container* di merce (peso, volume, numero di *pallet*, numero di cartoni ecc.), sia in formato da 20" che da 40";

2. chiedi tre differenti quotazioni al fornitore cinese: una con resa del prodotto EXW (*ex works*, ovvero franco fabbrica), una FOB (*free on board*, ovvero consegnata al porto cinese più vicino alla fabbrica, che dovrà altresì essere specificato) ed una CIF (*cost insurance freight*, ovvero consegnata al porto italiano). Facoltativamente, puoi chiedere anche una quotazione con prodotto consegnato alla tua fabbrica (DDP o simili);

3. valuta se, da tua esperienza, il *container* che trasporterà il prodotto deve avere qualche caratteristica particolare (ad esempio *open top*, temperatura controllata ecc.) e confrontati su questo punto anche con il produttore cinese. Questo dettaglio può presentare una voce di spesa aggiuntiva sul trasporto;

4. chiedi al tuo trasportatore di fiducia una quotazione di trasporto dalla Cina all'Italia e compara il costo finale del prodotto con quello che ti ha quotato il fornitore cinese;

5. chiedi al fornitore cinese in che modo spedisce normalmente il suo prodotto all'estero e quali sono i problemi più comuni legati al trasporto (rottura o deterioramento di pezzi, perdita di qualche caratteristica ecc.);

6. chiedi al fornitore cinese se ci sono, all'interno della normale *supply chain* del prodotto, dei passaggi particolarmente critici e come vengono trattati (trasferimento del *container* dal camion alla nave, sosta del prodotto in dogana in attesa di svolgimento di pratiche burocratiche ecc.).

Per quanto riguarda la qualità del prodotto, ecco alcune azioni che ti possono mettere al riparo da brutte sorprese:

1. chiedi al fornitore di presentarti tutte le sue certificazioni di qualità tramite invio di fax dei documenti originali;

2. fatti mandare dei campioni di prodotto e analizzali attentamente. Se ciò non fosse possibile, valuta l'acquisto di un singolo pezzo (come ad esempio il riunito dentistico) e fallo analizzare e testare dai tuoi migliori clienti (o potenziali migliori clienti) presenti nel mercato in cui intendi commercializzarlo. Solo un giudizio positivo da parte di questi clienti ti darà garanzie che il prodotto potrà essere

accettato a livello qualitativo dal mercato che ti interessa;

3. ispeziona personalmente la fabbrica in Cina e prendi nota di tutti i dettagli che potrebbero presentare criticità. Renditi conto delle condizioni di lavoro, del grado generale di pulizia e ordine della fabbrica e di tutti gli aspetti legati alla produzione e alla logistica che potrebbero influire sulla qualità del prodotto;

4. fatti dare dal produttore cinese referenze di clienti (o almeno di mercati) europei o americani dove questi prodotti siano già venduti. Se il produttore cinese ancora non vende ad esempio in Europa fai estrema attenzione: potrebbe non avere uno standard qualitativo sufficiente o ci potrebbero essere altri problemi nascosti che gli hanno impedito finora di intraprendere questo business in questo mercato.

Produttore o società di trading?

Fondamentalmente in Cina si può acquistare da due tipi di aziende:

1. produttori diretti;

2. società di trading.

La scelta dell'una o l'altra tipologia dipende in larga parte dalla frequenza e dalla stabilità della tua presenza fisica in Cina. Avere a che fare con produttori diretti, infatti, sebbene presenti sulla carta degli evidenti vantaggi economici (viene a mancare un intermediario tra te e il produttore), richiede un continuo esame della qualità dei prodotti e una gestione diretta del rapporto con la fabbrica che è molto difficile intraprendere se non si è presenti con una struttura propria sul territorio cinese.

Se intendi gestire la tua fornitura prevalentemente dall'Italia, la scelta migliore è quella di affidarsi a una società di trading che, sebbene presenti per te un costo che va solitamente dal 5% al 20% dell'importo della merce (a seconda del prodotto e delle condizioni di fornitura) si prenderà carico di tutti gli aspetti legati alla gestione in Cina del tuo rapporto con il fornitore.

Vediamo ora più nel dettaglio i fattori che potrebbero influenzare questa tua scelta.

Società di Trading

Si tratta di una struttura che acquista dal produttore cinese e rivende ai propri clienti al di fuori della Cina. Tu acquisterai a tutti gli effetti il prodotto da questa società, che lo avrà preventivamente comprato dal produttore all'interno della Cina; questo ti risparmierà qualsiasi contatto con il produttore cinese, il che può essere a volte un enorme vantaggio.

Perché una società di trading sia veramente efficace in questo processo, deve possedere inderogabilmente le seguenti tre caratteristiche:

1. avere una sua struttura in Cina, con una sede fisica e del personale di nazionalità cinese;
2. avere la capacità di dialogare con te in italiano (o al limite in inglese) e di incontrarsi con te di persona a intervalli regolari, possibilmente all'interno della tua azienda;
3. avere già portato a termine con successo delle operazioni di trading con l'Italia o con il paese di destinazione finale del prodotto che vuoi acquistare (devi chiedere a questo proposito delle referenze).

È importante anche che la società di trading possieda un suo portafoglio di fornitori cinesi, con i quali sia già entrata in contatto o dai quali abbia già acquistato, possibilmente nel tuo stesso settore di attività. Chiedi sempre referenze e informazioni a riguardo.

Alcune società di trading hanno la tendenza a darti meno informazioni possibili sui produttori cinesi, nel timore che tu li possa contattare direttamente, *bypassando* quindi il loro servizio. Diffida sempre di chi ti fa questo discorso, per i seguenti motivi:

1. se fosse davvero così facile per te rivolgerti direttamente al produttore cinese solo conoscendone l'indirizzo o il numero di telefono, come sarebbe giustificato il ruolo (e il costo) dell'intermediario? Oggi non è difficile, tramite internet, entrare in possesso di una lista di produttori cinesi da poter contattare per provare a ottenere una fornitura di prodotto. Il supporto della società di *trading* deve andare ben oltre questo mero aspetto quantitativo;

2. se la società di *trading* non ha l'autorità di contattare i fornitori cinesi, avvertendoli che a un loro cliente è stato fornito il nominativo della fabbrica e che, nell'ipotesi in cui la fabbrica fosse contattata direttamente dovrebbero loro stessi essere avvertiti, significa semplicemente che il *trader* non ha i contatti e l'esperienza necessaria per portare a termine con successo

questa operazione. Ora, va detto anche che alcuni produttori cinesi non vedono di buon occhio le figure dei *trader*, in quanto pensano che interagire direttamente con i clienti possa portare loro maggiori benefici economici (un *trader* compra esclusivamente per rivendere, quindi ha esigenze di prezzo ovviamente più stringenti rispetto dell'utente finale). Tuttavia, una buona società di *trading* è in grado di far percepire al fornitore il suo valore e l'importanza della sua presenza.

SEGRETO n. 20: una buona società di *trading* deve possedere inderogabilmente tre caratteristiche: struttura in Cina, facilità di contatto ed esperienza nel tuo settore.

Un altro vantaggio della società di *trading* è che, essendo essa la tuo interlocutrice, diventa anche la responsabile di qualsiasi anomalia produttiva, carenza di prodotto o problema logistico causato dalla fabbrica cinese. Questo non è poco in Cina e a volte il solo liberarsi da questa incombenza giustifica ampiamente il sovraccosto causato dall'intermediario.

Infine, esiste una categoria di intermediari cinesi che vogliono farsi passare per produttori. Ovviamente si tratta di persone disoneste e devi starne alla larga il più possibile.

L'unico metodo per essere certi di stare parlando con un produttore è quello di visitare fisicamente la sua fabbrica in Cina e verificare la situazione di persona; tuttavia, per un'analisi preventiva, si può chiedere alla *trading company* di mostrarti una copia della sua *business licence* (necessaria per operare in Cina ed emettere fatture commerciali in questo paese) dove è descritto accuratamente il tipo di attività svolta dalla società.

SEGRETO n. 21: per assicurarti che un produttore sia veramente tale, puoi chiedergli di mostrarti una copia della sua *business licence*.

Produttori cinesi

Rifornirsi direttamente dai produttori ti può certamente far risparmiare sui prezzi d'acquisto dei prodotti. Inoltre, mettere in piedi una fabbrica ha un costo decisamente superiore a quello di creare una struttura puramente commerciale. Ciò vuol dire che la solidità finanziaria del tuo interlocutore sarà certamente maggiore, così come saranno molto ridotte le possibilità che il tuo fornitore chiuda i battenti da un giorno all'altro, evento non escludibile nel caso della *trading company*.

Per la ricerca diretta di un fornitore cinese è fondamentale definire dal principio qual sia l'obiettivo del tuo progetto: vuoi ridurre il costo di acquisto di una materia prima che stai già acquistando altrove? Vuoi iniziare a commercializzare un nuovo prodotto che attualmente non è presente nel tuo portafogli? Vuoi cercare un'alternativa al tuo fornitore attuale, solo per aumentare il tuo potere di negoziazione con lui?

Vi sono molte possibili cause che spingono un'azienda italiana a cercare un produttore cinese e iniziare una fornitura. Una definizione chiara del tuo scopo ti permetterà di capire quali siano le caratteristiche principali che dovrai cercare.

Se, ad esempio, il tuo scopo è solo quello di aumentare il tuo potere di negoziazione, qualsiasi produttore cinese che sarà in grado di formularti un'offerta formale di prodotto a un prezzo molto basso, soddisferà il tuo obiettivo. Con quell'offerta in mano, infatti, potrai andare dal tuo fornitore abituale e, probabilmente, comunicandogli che ti rivolgerai esclusivamente a fornitori cinesi, potrai ottenere migliori condizioni di fornitura. Se al contrario la tua intenzione è veramente quella di iniziare a comprare dalla Cina, dovrai verificare molti altri aspetti del fornitore.

È quindi di fondamentale importanza tracciare un quadro quanto più dettagliato possibile del produttore cinese che stai cercando. Dovresti riuscire a dare risposta ad esempio alle seguenti domande:

1. Che tipo di azienda sto cercando?
2. Quali certificazioni deve possedere?
3. Quale processo produttivo deve adottare per produrre ciò che voglio acquistare?
4. Quale deve essere l'ordine di grandezza della sua produzione annuale?
5. Chi devono essere i suoi clienti tipici?
6. Dove dovrebbe essere situata sul territorio cinese?
7. Quale deve essere il suo rapporto con altri clienti europei o italiani miei possibili concorrenti?

Riguardo a quest'ultimo punto, come già detto, il fatto che quel produttore cinese stia già vendendo in Europa o in Italia è una grande garanzia sulla qualità dei suoi prodotti: se qualcuno li sta già importando con successo, sicuramente sono ben recepiti dal mercato e non presentano evidenti problemi qualitativi.

Tuttavia, se il produttore cinese rifornisce già tuoi concorrenti, potrebbe avere stipulato con loro accordi di esclusiva o ancora accordi per cui se entrasse in affari con altre aziende dovrebbe proporre loro un prezzo più alto di quello concordato coi tuoi concorrenti, facendoti così perdere, probabilmente, gran parte della profittabilità dell'operazione.

Una regola generale, inoltre, vuole che produttori cinesi che stanno già esportando in Europa o USA, siano molto informati sui prezzi di mercato del loro prodotto in questi paesi e che posizionino il loro prezzo solo leggermente al di sotto di quelli in vigore in questi paesi, sapendo che ciò massimizzerà il loro profitto e renderà comunque conveniente l'acquisto da parte delle società estere. Al contrario, aziende che ancora non stanno esportando, a fronte di prezzi molto più convenienti, potrebbero non presentare gli standard qualitativi sufficienti per vendere il loro prodotto in Occidente. Ricordati che i complessi sistemi di qualità richiesti dalla legge nei paesi più avanzati, presentano un notevole costo di gestione per i produttori cinesi, che immancabilmente si riflette sul prezzo del prodotto. Prezzi di acquisto molto vantaggiosi in Cina, spesso, sono indice della mancanza di questi sistemi di qualità, il che si può ripercuotere in modo significativo sulla qualità o sulla stabilità di fornitura del prodotto in futuro.

SEGRETO n. 22: il primo passo fondamentale per la ricerca diretta di un produttore cinese è la definizione precisa del tuo obiettivo e delle caratteristiche che la fabbrica cinese deve possedere.

Qui di seguito trovi alcune azioni che puoi intraprendere, in fase di studio del progetto, per entrare in contatto con potenziali validi fornitori cinesi del tuo prodotto:

1. chiedi referenze: se qualche tuo collega o conoscente sta già comprando dalla Cina un prodotto simile a quello che ti interessa (e non è legato da vincoli di esclusività con il

fornitore) il suo consiglio ti può far risparmiare molto tempo e denaro. Puoi chiedere referenze a chi già opera in Cina in altri settori e a chi potrebbe avere queste conoscenze per altri motivi;

2. cerca su internet: questo metodo solitamente non paga molto ma ti può far rendere conto meglio dello scenario dei fornitori cinesi del tuo prodotto. Siti come www.alibaba.com, www.globalsources.com e www.tradenet.com, sebbene siano popolati da molte aziende di intermediazione che si spacciano per produttori, ti possono comunque dare qualche spunto interessante nella tua ricerca;

3. informati sulle più importanti fiere di settore in Cina. La partecipazione a una di queste potrebbe essere un ottimo modo per avere un primo contatto con produttori interessanti. La fiera cinese più importante è quella di Canton, che si svolge ogni anno in due sessioni, una ad aprile e l'altra a ottobre. Puoi avere maggiori informazioni sul sito www.cantonfair.org.cn/en.

Come arrivare al primo ordine

Per effettuare al meglio la scelta tra *trading company* e produttore diretto, specialmente se la tua esperienza sulla Cina è ancora limitata, una buona soluzione potrebbe essere quella, ancora una volta, di farti aiutare da una società di consulenza specializzata.

Questo tipo di struttura, di cui abbiamo già parlato nei capitoli precedenti, può assumere il ruolo di tuo centro acquisti in Cina. La differenza fondamentale con una *trading company* è che la società di consulenza non funge per te da rivenditore (o distributore) ma semplicemente da agente. Ti supporterà in tutti gli aspetti logistici e pratici dell'operazione ma non si assumerà responsabilità in caso di problemi di fornitura derivanti puramente dal produttore.

In questo caso infatti, il rapporto commerciale (quindi i pagamenti, la fatturazione, la spedizione ecc.) si stabilisce direttamente tra te e il produttore cinese, con un supporto locale che agisce come "avamposto" in Cina della tua azienda, facilitando con la sua presenza in loco (e con la possibilità di comunicare in cinese con il produttore e in italiano o inglese con te) il buon esito dell'operazione.

Supponiamo che tu, con l'aiuto di un consulente o meno, abbia identificato una *trading company* valida oppure due o tre produttori cinesi validi che potrebbero diventare i tuoi fornitori. Il prossimo *step* è quello di richiedere ai tuoi interlocutori una quotazione, accompagnata da una specifica tecnica del prodotto che intendi comprare. Restano valide le considerazioni fatte sul trasporto della merce all'inizio di questo capitolo.

Se i tuoi calcoli sul prezzo lasciano intravedere la possibilità di un buon business e se le specifiche tecniche del prodotto rispondono ai tuoi standard di qualità è ora necessario richiedere un campione di prodotto.

Il mio consiglio è chiedere almeno tre diverse quotazioni e tre diversi campioni ad altrettanti produttori cinesi, per avere un'idea migliore del mercato e avere maggiori possibilità di scelta.

Una *trading company* seria deve essere in grado di concederti questa varietà di offerta. Abbiamo anche visto che se la spedizione di un campione (ad esempio un pezzo di lastra di cartongesso, o 100 g di PVC) non fosse possibile, ovvero se i prodotti che vuoi acquistare sono venduti in unità indivisibili (tipo sedie da dentista, biciclette, vasche idromassaggio ecc.) puoi considerare l'acquisto di un pezzo di prova.

Puoi sempre provare a chiedere un invio gratuito o un forte sconto su questo primo pezzo. Per ottenerlo dovrai far intuire al produttore (o alla *trading*) che, se il loro prodotto fosse approvato, ci sarebbero ottime prospettive di un lungo e proficuo business insieme.

Se anche questo test venisse superato (come abbiamo visto precedentemente, in caso di prodotti finiti è necessario anche il parere di alcuni potenziali acquirenti finali) potresti iniziare a pensare a una tua visita alle fabbriche da selezionare. Ovviamente, nel caso di *trading company*, la tua visita in Cina deve prevedere anche un controllo agli uffici della società, che ti potrà far rendere meglio conto della serietà e della solidità di questa struttura.

Qui di seguito una *check list* dei punti principali da controllare durante la tua visita di ispezione alle fabbriche cinesi:

1.*pulizia*. Un ambiente di lavoro pulito e ordinato è un ottimo segno di serietà e affidabilità;

2. *organizzazione.* Chiedi spiegazioni sull'intero processo produttivo e logistico della fabbrica, dalla ricezione delle materie prime alla consegna dei prodotti finiti. Se non ti apparisse più che strutturato, coerente e controllato, diffida della capacità di quella fabbrica di soddisfare continuativamente e stabilmente le tue esigenze di fornitura;

3. *macchinari usati.* Quanto sono vecchi? In Cina non puoi aspettarti lo stesso livello di automazione e modernità che troveresti in fabbriche occidentali, tuttavia anche in questo caso, fatti guidare dal buon senso. Fai molte domande mentre ispezioni i macchinari e cerca soprattutto di capire se la fabbrica abbia o meno la capacità di coprire tutte le fasi della produzione o se si appoggi ad altre fabbriche per terziarizzare alcune parti di essa, il che potrebbe rivelarsi un forte inconveniente.

4. *controllo qualità.* Com'è impostato il sistema di controllo qualità? Le certificazioni presenti sono veramente messe in pratica? Chiedi una dimostrazione pratica di come avvengano i controlli di qualità sia durante la produzione che sui prodotti finiti;

5. *condizioni degli operai.* Assicurati che non siano impiegati

minori di età e che le condizioni generali del personale appaiano buone. Chiedi di vedere i dormitori degli operai e la mensa (dove a volte sarai invitato a mangiare);

6. *verifica la posizione della fabbrica.* È vicina a un porto o comunque a una rete stradale adeguata? È situata in un posto sperduto dove potrebbero esserci problemi di continuità con l'approvvigionamento elettrico? È vicina ai suoi fornitori per assicurare la continuità di fornitura delle materie prime?

Se tutti questi punti sono verificati con successo puoi ora procedere con il primo ordine di prodotti. Prima di fare ciò, tuttavia, devi assolvere a un ultimo aspetto fondamentale: la negoziazione del prezzo.

Come discutere del prezzo di acquisto

La discussione del prezzo di acquisto del tuo primo ordine, e di conseguenza di quelli successivi, è un processo molto importante nell'ottica di un progetto redditizio di fornitura dalla Cina. Normalmente, una *trading company* avrà dei margini di negoziazione molto più limitati rispetto a un produttore, dato che la prima deve comunque acquistare il prodotto e generare un margine operativo per coprire almeno i costi di operazione, mentre per il secondo le politiche di prezzo potrebbero essere molto più flessibili, anche grazie a economie di scala.

Un suggerimento molto utile può essere quello di far pervenire la richiesta di quotazione, all'una o all'altro, non dalla tua azienda italiana ma da un ufficio cinese (ad esempio quello di un tuo consulente).

Infatti accade spesso che una richiesta di quotazione proveniente dalla Cina, dove non si parli per il momento di export dei prodotti (ovviamente la quotazione deve essere richiesta con resa "franco fabbrica" o al limite con prodotto consegnato a un porto cinese), venga trattata in modo diverso da una richiesta proveniente dall'Europa. Le possibilità di ottenere un prezzo migliore sono decisamente più elevate nel primo caso.

Ad ogni modo, alcuni consigli utili per ottenere un prezzo interessante da parte del produttore o della *trading company* cinese sono i seguenti:

1. mostra fin dall'inizio un serio e genuino interesse nello

stabilire un rapporto di lunga durata: spendi del tempo a presentare la tua azienda (anche per email, inizialmente), spiega perché sei interessato a ricercare un serio fornitore cinese e tutti gli altri dettagli che possono far capire alla tua controparte che non stai solo prendendo informazioni, magari per esercitare una leva sul tuo fornitore abituale;

2. dai da subito al fornitore una stima del tuo consumo annuo. Ovviamente puoi fare una stima ottimistica e questo numero non deve essere troppo accurato, ma dare da subito una visione di quello che il business con te può generare, in termini di vendite, per il produttore, contribuisce sicuramente a creare interesse nei tuoi confronti e quindi a ottenere una quotazione di prezzo competitiva;

3. discuti da subito i termini di pagamento. È probabile che per il primo carico ti venga chiesto un pagamento anticipato. Se si instaura un rapporto di fornitura continuativa, puoi chiedere un pagamento a 30 o 60 giorni ma è bene iniziare a discutere di questo punto dall'inizio.

SEGRETO n. 23: è sempre bene far pervenire una richiesta di quotazione di un prodotto cinese, sia a un produttore che a

una *trading company*, non da un'azienda italiana ma da un'altra azienda cinese.

Per quanto riguarda i termini di pagamento, solitamente la procedura standard in Cina per una nuova fornitura è di pagare il 30% del valore della merce all'emissione dell'ordine, come deposito, e il resto prima della spedizione del prodotto.

Mano a mano che la relazione si solidifica, si possono negoziare migliori condizioni di pagamento. Ad ogni modo, non devi assolutamente pagare il deposito prima di avere approvato i campioni di prodotto.

Se la produzione di campioni è molto costosa, puoi risolvere il problema firmando una proposta di acquisto, in cui affermi che acquisterai una minima quantità di prodotto se il campione sarà conforme alle tue aspettative. Inoltre, puoi proporre di pagare i costi di produzione (se non sono troppo onerosi) con la condizione che ti vengano scalati dal primo ordine, se l'operazione andrà a buon fine.

Se il produttore lo consente, è consigliabile pagare il carico con lettera di credito (L/C) che, sebbene rappresenti un costo, fornisce garanzie aggiuntive nel caso di problemi con la spedizione.

Il contratto di fornitura

Se i primi ordini daranno dei risultati soddisfacenti, il prodotto che riceverai sarà conforme alle tue aspettative e il tuo fornitore manterrà le sue promesse in termini di affidabilità e serietà, il prossimo passo sarà quello di siglare un contratto di fornitura, che ti consentirà di ottenere condizioni migliori su molti aspetti legati all'operazione (prezzo di acquisto, termini di pagamento e di consegna, esclusività ecc.) e ti permetterà di gettare le basi per un business profittevole nel tempo.

Sorprendentemente, un gran numero di società straniere commette degli errori dovuti a inesperienza o leggerezza relativamente al contratto di fornitura con produttori cinesi.

Qui di seguito una serie di suggerimenti utili derivanti dalla mia esperienza diretta e da quella di aziende, che hanno instaurato proficue collaborazioni con produttori cinesi, con le quali ho avuto modo di entrare in contatto personalmente:

1. *descrizione del prodotto*. Descrivi nel maggior dettaglio possibile il prodotto che vuoi ricevere, facendo riferimento ai campioni che ti sono stati mandati. Uno degli errori più comuni è quello di non fare riferimento a detti campioni all'interno del contratto con la conseguenza di ritrovarsi poi in magazzino un prodotto diverso, senza poter contestare formalmente questa inadempienza;

2. *data di consegna*. Specifica sempre l'intervallo temporale (espresso in numero di giorni o settimane dopo il tuo ordine o il tuo pagamento) in cui desideri che il prodotto sia reso disponibile dal produttore per la spedizione. Mettere una penale per ritardata produzione o consegna può essere una buona idea, tuttavia io sconsiglio di minacciare il produttore con la penale se ci dovessero essere dei ritardi imprevisti, dato che a causa di questa condizione potrebbero venire tralasciati importanti aspetti qualitativi legati al prodotto, solo allo scopo di accelerare i tempi di consegna. La penale deve servire solo come deterrente e va resa operativa solo in casi estremi;

3. *termini di pagamento*. Definisci chiaramente questo punto e soprattutto chi deve pagare le spese varie relative alla

movimentazione e all'eventuale stoccaggio delle merci. Utilizza sempre la frase: "costi inclusi senza alcun limite" quando ti riferisci a queste spese;

4. *assicurazione*. Nel contratto deve essere specificato chi pagherà l'assicurazione del trasporto. Questo punto è definito dalla condizione di resa del prodotto (*Incoterm*) con cui si sigla l'accordo;

5. *sostanze tossiche*. Possono essere un vero problema per la tua azienda. Specifica nel dettaglio ogni tipo di sostanza tossica che può essere dannosa per il tuo processo produttivo o per i tuoi clienti;

6. *arbitrato*. È consigliabile stabilire la sede di arbitrato di eventuali dispute con il produttore sul territorio cinese, dove le leggi protezionistiche per le aziende produttrici sono molto meno stringenti che nel resto del mondo.

I problemi di fornitura più comuni

I due problemi di fornitura di gran lunga più comuni, per le aziende che scelgono di approvvigionarsi dalla Cina, sono statisticamente i seguenti:

1. ricevere un prodotto che non rispetta in qualche modo i termini

concordati (nella qualità, quantità, nei tempi di consegna ecc.);
2. perdere i tuoi soldi non ricevendo il prodotto.

Per minimizzare il rischio che questi due scenari si verifichino, ci sono diversi accorgimenti che si possono prendere. Il primo è quello di avere una propria persona in Cina che vada fisicamente a controllare il prodotto nella fabbrica cinese prima della spedizione, specialmente sui primi carichi.

Il tuo collaboratore cinese può fare delle foto al prodotto prima della spedizione e spedirtele via mail, fare dei semplici controlli visivi o fisici su tue precise indicazioni e assicurarsi che tutto sia stato fatto ad arte prima di dare il via libera alla spedizione.

Il costo di questa operazione spesso non è incisivo, visto il basso costo del personale in Cina, e può farti risparmiare molti inconvenienti, oltre che denaro, con cui ti dovresti confrontare se il prodotto che ricevi dovesse risultare non conforme. Personalmente suggerisco sempre questa soluzione; si è rivelata la più efficace, specialmente nei casi di merci di cui non si può spedire un campione.

Quando la fornitura diventa abituale e si sarà stabilito un rapporto di fiducia con il fornitore, si possono effettuare controlli a campione solo su alcune spedizioni.

Se non c'è possibilità di mandare fisicamente qualcuno, una valida alternativa è quella di farsi inviare tramite corriere (se le dimensioni del materiale lo permettono) alcuni campioni del lotto di produzione finito a te destinato. La tua approvazione di questi campioni sarà necessaria prima di procedere con la spedizione.

Per questa operazione è fondamentale che il produttore metta in busta chiusa (se possibile) i campioni riportando la data e il lotto di produzione, li spedisca e, ricevuta la busta, che tu firmi a tua volta, tenendo alcuni campioni per referenza e rispedendo a lui il resto, in modo da essere assolutamente certi che non vi siano sostituzioni di prodotto. In caso di contenzioso, tu avrai a tua disposizione i campioni firmati dal produttore come referenza.

Altra causa comune che potrebbe generare uno dei due inconvenienti sopra descritti è che il produttore che hai selezionato richieda a un'altra fabbrica di produrre tutto o parte del tuo prodotto, senza mettertene a parte. Questo, come puoi immaginare, può creare ogni sorta di problemi specie di qualità del tuo prodotto, dato che tu hai validato come fornitore il primo ma non il secondo.

L'unico vero rimedio per evitare questo inconveniente è, come detto sopra, inviare una persona cinese di fiducia in fabbrica durante la produzione. Per i primi carichi di prodotto, consiglio vivamente ancora una volta questa soluzione.

SEGRETO n. 24: i due problemi di fornitura più comuni dalla Cina riguardano inadempienze contrattuali da parte del fornitore e mancata ricezione del prodotto stesso.

Non va infine trascurata la possibilità di vedere il produttore cinese impossessarsi di tua tecnologia o di un tuo brevetto.

Supponiamo che tu decida di far produrre in Cina un particolare elemento di cui possiedi il brevetto e che questo elemento sia composto da alcune parti meccaniche distinte. L'accorgimento da usare in questo caso è di non utilizzare la stessa fabbrica per produrre tutti i componenti, il che potrebbe portare a un'appropriazione indebita del tuo brevetto da parte di qualche azienda cinese. Utilizza invece fabbriche diverse, possibilmente localizzate distanti tra loro.

In conclusione, acquistare dalla Cina è un'operazione che richiede molta cura e preparazione e presenta un certo numero di insidie che solo un'accurata analisi del progetto permette di tenere sotto controllo. Molte aziende europee e americane stanno già acquistando con successo dalla Cina e, se sei veramente motivato, puoi iniziare sicuramente a farlo anche tu, con grandi benefici per la tua azienda.

RIEPILOGO DEL GIORNO 4:

- SEGRETO n. 18: circa il 60% della produzione industriale cinese è dovuta ad aziende straniere che distribuiscono questi prodotti prevalentemente nei loro paesi di origine e nel resto del mondo.

- SEGRETO n. 19: i due fattori solitamente più critici da valutare per l'acquisto di un prodotto in Cina sono: costi di trasporto elevati e qualità del prodotto non soddisfacente.

- SEGRETO n. 20: una buona società di trading deve possedere inderogabilmente tre caratteristiche: struttura in Cina, facilità di contatto ed esperienza nel tuo settore.

- SEGRETO n. 21: per assicurarti che un produttore sia veramente tale e non una trading company che si spaccia per tale, puoi chiedergli di mostrarti una copia della sua business licence, dove è descritto il tipo di attività svolta.

- SEGRETO n. 22: il primo passo fondamentale per la ricerca diretta di un produttore cinese è la definizione precisa del tuo obiettivo e delle caratteristiche che la fabbrica cinese deve possedere.

- SEGRETO n. 23: è sempre bene far pervenire una richiesta di quotazione di un prodotto cinese, sia a un produttore che a una trading company, non da un'azienda italiana ma da un'altra azienda cinese.

- SEGRETO n. 24: i due problemi di fornitura più comuni dalla Cina riguardano inadempienze contrattuali da parte del fornitore e mancata ricezione del prodotto stesso.

GIORNO 5:

Come vendere il tuo prodotto in Cina

Le grandi promesse del mercato cinese

La Cina, con i suoi oltre 1.3 miliardi di abitanti, può rappresentare a prima vista un'opportunità imperdibile per qualunque azienda interessata a proporre commercialmente un suo prodotto all'interno di questo sconfinato mercato.

Tuttavia, delle semplici considerazioni possono immediatamente ridimensionare questo scenario e riportare il progetto di vendere il proprio prodotto nel mercato cinese a un livello di sicuro interessante ma non da "corsa all'oro", come molte aziende negli anni passati hanno fatto l'errore di pensare. Le riflessioni da fare immediatamente sono le seguenti:

1. circa 700 milioni di cinesi sono contadini con un reddito troppo basso per poter essere considerati dei consumatori di prodotti importati;

2. le infrastrutture cinesi sono ancora molto poco sviluppate e

questo innalza notevolmente i costi dei trasporti interni, rendendo problematica e costosa la distribuzione dei prodotti sul territorio;

3. per poter distribuire il tuo prodotto almeno nelle città principali cinesi, c'è bisogno di una rete commerciale strutturata sul territorio, molto difficile da creare per un'azienda straniera. Bisogna spesso ricorrere alla *partnership* con un distributore cinese e ciò rappresenta di per sé una notevole sfida;

4. in Cina sono già presenti con il proprio prodotto le maggiori aziende multinazionali di tutti i settori merceologici di consumo: la concorrenza sul mercato è quindi molto forte.

Queste prime quattro considerazioni di base, non devono servire ad affievolire l'entusiasmo di chi guarda alla Cina come a un mercato interessante per i propri prodotti, ma semplicemente far vedere la situazione per quella che è, con le sue opportunità e le sue numerose sfide.

SEGRETO n. 25: la Cina è un mercato interessante per qualsiasi azienda che voglia vendere il suo prodotto nel territorio, ma è lontana dall'essere la terra promessa che

molte aziende straniere credono di trovare a causa dei grandi numeri che la contraddistinguono.

Se vogliamo invece focalizzarci sugli aspetti motivanti della questione, possiamo ricordare che in Cina ci sono attualmente oltre 350.000 milionari in USD e una classe media stimata in circa 250 milioni di persone, con reddito paragonabile a quello medio europeo o americano, tutti potenziali consumatori di prodotti importati dall'estero.

Come in tutti i paesi che hanno vissuto solo recentemente uno sviluppo economico notevole e dove la classe media ha ottenuto un significativo potere di acquisto relativamente da poco, anche in Cina spesso il mercato è guidato da fattori psicologici piuttosto che da reali bisogni.

Il cinese medio che inizia ad avere soldi in tasca è desideroso di mostrare ai propri amici il suo nuovo status, indossando abiti firmati di marche straniere, mettendo sulla sua tavola prodotti alimentari importati e manifestando uno stile di vita che probabilmente ha già visto nei film e nei telefilm americani.

Il successo strepitoso in Cina di catene quali Kentucky Fried Chicken, Starbucks o Pizza Hut si deve certamente anche a questo spirito di emulazione nei confronti di società prosperose come quella americana, presente nella nuova classe media cinese.

SEGRETO n. 26: in Cina, come in altri paesi che hanno vissuto un notevole sviluppo economico in tempi recenti, il mercato interno è guidato più da fattori psicologici che dai bisogni reali degli individui.

Per far comprendere meglio questo scenario, posso citare due esempi di mie esperienze personali.

Il primo riguarda l'acqua minerale. All'interno degli ipermercati stranieri presenti in Cina (Carrefour, Wal-Mart ecc.) nel settore cibi importati è presente un vasto assortimento di acque minerali, con dei prezzi a dir poco esorbitanti, se paragonati con quelli delle acque minerali cinesi. Una bottiglia di San Pellegrino o di Perrier può costare anche 10 volte tanto quella di una marca cinese. È sempre acqua, ma il *brand* fa la differenza. Una sera, trovandomi ospite a cena di amici cinesi a Shanghai, vidi portare in tavola da parte del mio ospite una bottiglia di acqua di una nota marca italiana esattamente allo stesso modo in cui un italiano porterebbe in tavola una bottiglia di vino pregiato: era contenuta in un cilindro dorato, fu stappata in religioso silenzio e degustata dal padrone di casa a piccoli sorsi prima di essere versata nei bicchieri degli ospiti.

Inutile dire che dovetti sottopormi a un notevole sforzo di disciplina per mantenere un contegno serio e compito di fronte a quella scena, in linea con lo stile cerimonioso dei miei commensali.

Il secondo esempio riguarda un grande magazzino di una nota catena internazionale di arredamento, che presenta ormai moltissimi punti vendita su tutto il territorio cinese.

Una domenica mattina, trovandomi in uno di questi enormi magazzini di Shanghai, fui sorpreso nel vedere una folla di cinesi, chiaramente appartenenti alla classe bassa della società e che non avrebbero potuto permettersi praticamente nulla di quanto era esposto alla vendita nel negozio, accalcarsi all'entrata del magazzino e poi uscire da un'altra porta tutti con delle piccole buste in mano, segno che un acquisto era stato effettivamente compiuto.

Incuriosito, mi recai nella zona verso cui si dirigevano queste persone, vedendo che questa società aveva creato una sezione speciale del magazzino dove erano venduti esclusivamente piccoli oggetti dal valore massimo di 10 RMB, che di sicuro si sarebbero potuti trovare anche fuori in qualsiasi mercato all'aperto. Il solo fatto di poterli acquistare presso questa nota azienda, per il cinese povero, che ambiva evidentemente a diventare della classe media, era motivo di grande gratificazione e lo spingeva a restare in fila per ore davanti al negozio stesso.

Ritratto dei consumatori cinesi

Se hai intenzione di vendere il tuo prodotto in Cina, può esserti molto utile tracciare un quadro generale del consumatore medio cinese, quello appartenente alla nuova classe media e che costituirà l'acquirente preferenziale per qualsiasi tipo di prodotto importato.

Fondamentalmente i consumatori cinesi sono attratti da tre fattori in un nuovo prodotto:

1. nuova tecnologia;

2. qualità superiore a quella cinese;

3. *status* che il prodotto può conferire loro tramite il suo *brand*.

I tempi in cui i consumatori cinesi erano unicamente focalizzati sul prezzo dei prodotti sono probabilmente finiti per sempre e sempre più consumatori della classe medio-alta sono poco sensibili al prezzo, quando i loro bisogni di gratificazione sono soddisfatti.

D'altro canto, per una società estera, competere sul prezzo con concorrenti cinesi sarebbe una battaglia persa in partenza, quindi il *target* dei clienti di società che importano in Cina deve per forza di cose essere differenziato da quello che interessa i produttori cinesi.

In Cina attualmente la maggior parte delle riserve finanziare appartiene a persone al di sotto dei 45 anni. Questo *trend*, contrario a quanto si riscontra in quasi tutto il mondo, determina comportamenti e tendenze degli acquirenti cinesi sostanzialmente diversi da quelli evidenziabili in altri mercati.

I cittadini cinesi più anziani infatti, a causa della rivoluzione culturale, non hanno potuto approfondire i propri studi e hanno spesso passato la maggior parte della loro vita professionale all'interno di un'impresa statale, che di certo non ha contribuito ad arricchirli.

Geograficamente, i consumatori ricchi cinesi abitano in prevalenza nelle tre aree di Pechino, del Delta del Fiume delle Perle e quello del Fiume Yangtze. Esistono sostanziali differenze comportamentali dovute alla localizzazione geografica, che possiamo riassumere come segue:

- i cinesi del Nord sono mediamente meno sensibili al prezzo di acquisto, rispetto ai loro connazionali, e hanno minore tendenza a fare confronti di prezzo tra esercizi differenti prima di effettuare un acquisto;
- i cinesi della costa centrale, al contrario, hanno la tendenza a comparare molto i prezzi prima di effettuare una scelta definitiva e comprare qualcosa. Acquistare un prodotto in

saldo o in offerta speciale è un fattore che si rivela molto motivante per loro;

- i cinesi del Sud, specialmente quelli che vivono nel Guangdong, sono abituati a trovare prodotti molto validi a prezzi bassi, data l'alta concentrazione di fabbriche presente in questa regione che avvicina di molto la domanda all'offerta, con notevole riduzione dei costi di trasporto.

SEGRETO n. 27: le tendenze e le abitudini dei consumatori cinesi cambiano molto in base alle varie regioni ed è difficile accomunarle tutte in un unico insieme globale.

Più in generale, il mercato cinese può essere considerato una serie di mercati regionali, difficilmente assimilabili a delle tendenze comuni. Le ricerche di mercato sono quindi essenziali e possono fornire interessanti indicazioni a riguardo della migliore strategia di vendita.

Abbiamo già visto la naturale tendenza dei consumatori cinesi a voler guadagnare uno *status* sociale tramite l'acquisto di prodotti importati. Questo vantaggio è per loro spesso superiore all'esigenza di acquistare un prodotto a un prezzo inferiore, che però non conferirà loro alcun prestigio o riconoscimento da parte della loro cerchia di amici.

Questo concetto è particolarmente sentito per tutti quei prodotti che sono facilmente mostrabili in pubblico, come un'automobile, un capo di abbigliamento o un gioiello; lo è un po' meno per quelli mostrabili solo in determinati contesti, come ad esempio i prodotti alimentari (che si possono mostrare solo quando si invita a cena qualcuno) e molto poco sentito per quei prodotti che per loro natura hanno un uso solo funzionale, come ad esempio elettrodomestici o attrezzi di lavoro, che beneficiano solo in minima parte di questo effetto.

Tuttavia, aspetti legati al *brand*, che facciano percepire nuove tecnologie, facciano associazioni con determinate classi sociali o semplicemente marche che trasmettano determinati messaggi promozionali che facciano colpo sulla mentalità dei cinesi, possono sopperire alla mancanza di "visibilità" di un prodotto importato, rendendolo appetibile comunque all'acquirente cinese.

Il fatto che i consumatori cinesi siano continuamente attratti da ciò che è nuovo o di moda in quel momento rappresenta un grosso limite alla fedeltà di questi clienti, che sono sempre pronti ad abbandonare una certa marca di prodotti, se un concorrente è in grado di introdurre nel mercato un prodotto fatto percepire come superiore a quello del concorrente, in uno di questi aspetti.

Ciò determina un bisogno continuo, da parte delle aziende estere che vendono in Cina, di introdurre nel mercato nuovi prodotti o presentare i propri prodotti in modo nuovo, per far percepire che l'azienda è in continua evoluzione e in grado di sostenere il frenetico ritmo di cambiamento della società cinese.

Concetti come la costruzione del *brand* o anche l'utilizzo di *testimonial* per promuovere una marca sono in Cina relativamente nuovi e visti con grande interesse dai consumatori. Il fatto che la Cina in passato non avesse un gran numero di celebrità sportive o dell'intrattenimento note a livello nazionale ha fatto sì che per lungo tempo venissero utilizzate solo celebrità straniere.

Oggi le cose stanno cambiando e, ad esempio, il famoso cestita

Yao Ming, forse l'atleta più noto di tutta la Cina, campeggia in un gran numero di insegne pubblicitarie nelle maggiori città cinesi, seguito da vicino dall'ostacolista Liu Xiang.

Un altro aspetto da non sottovalutare è il forte nazionalismo dei cinesi che, dovendo scegliere tra due produttori, uno domestico e uno straniero, avranno la tendenza a sacrificare la qualità del prodotto, a parità di prezzo, allo scopo di favorire un'azienda cinese.

Molte multinazionali straniere hanno risolto questo problema acquistando società cinesi e lasciando intatta la loro identità. Un esempio molto noto è quello della francese Danone, che ha acquistato la società cinese Fechang Cola allo scopo di creare un'alternativa cinese alla Coca Cola e alla Pepsi Cola.

Ipermercati e supermercati

Qualunque azienda si cimenti nel progetto di vendere in Cina deve fare i conti con la distribuzione sul territorio cinese, uno degli aspetti più complicati e dispendiosi dell'intera *supply chain*. Per avere un'idea della situazione, si può citare che in Europa le spese annuali per i trasporti ammontano a circa l'11% del PIL nazionale (negli USA la cifra è più bassa e siamo intorno all'8,5%) mentre in Cina questa cifra tocca oggi il 18% circa del PIL, cifra che mette in risalto l'inadeguatezza delle infrastrutture interne.

Un adagio noto nel mercato cinese recita che in Cina i prodotti che hanno il maggiore successo commerciale non sono necessariamente quelli con il miglior rapporto qualità/prezzo, come si potrebbe logicamente pensare, ma quelli che sono meglio distribuiti sul territorio.

La vendita al dettaglio sta letteralmente esplodendo in Cina negli ultimi anni, soprattutto con la costante crescita degli ipermercati, che rappresentano una soluzione che permette di saltare alcuni passaggi della catena distributiva, a causa degli ordini di volume trattati e che, in parte, ovvia all'inconveniente degli alti costi di distribuzione.

Attualmente in Cina gli ipermercati totalizzano solo circa il 12% delle vendite al dettaglio e i supermercati di medie dimensioni il

4%, ma questi numeri sono in forte crescita. Grandi società del calibro di Carrefour e Walmart contano attualmente centinaia di punti vendita in Cina e per capire l'importanza economica della loro presenza, basti pensare che l'unico cittadino europeo che ha avuto l'onore di portare la fiaccola olimpica durante il giro d'onore all'interno dello stadio di Pechino, nella cerimonia inaugurale delle Olimpiadi del 2008, è stato un francese e proprio il presidente del gruppo Carrefour.

Più in generale, il mercato del *retail* in Cina, sia quello delle società straniere che quello locale, è considerato dal governo un'ottima fonte di impiego e per questo molto ben visto e incoraggiato.

La catena di ipermercati più grande in Cina totalizza quote di mercato superiori al 4% del totale delle vendite al dettaglio, mentre i due maggiori *brand* esteri insieme arrivano oggi a circa il 3%. Questo tipo di strutture, di solito localizzate al di fuori dei centri cittadini, offrono un vastissimo assortimento di prodotti sia di produzione locale che importati; questi ultimi di solito sono collocati tutti insieme in un reparto ben distinto del negozio.

Parlando con un responsabile del dipartimento acquisti di una di queste catene di supermercati ricordo che mi tracciò il seguente scenario relativo alla clientela di questi magazzini: il 90% degli acquirenti è cinese e il valore medio del loro carrello della spesa è nell'ordine delle decine di USD.

Il restante 10% della clientela è composto da stranieri e il valore medio del loro carrello è nell'ordine delle centinaia di USD. Considerando i numeri di visite clienti giornaliere di questi negozi, non è difficile immaginare come gli stranieri costituiscano una parte rilevante del loro fatturato.

Se vendi un prodotto di consumo, uno dei tuoi obiettivi primari in Cina deve essere quello di entrare in una o più di queste catene di GDO. Come avviene in tutti gli altri paesi del mondo (laddove esse siano presenti), tuttavia, ci sono degli ostacoli da superare.

Vediamo qui sotto quali sono i principali:
1. presentarsi a un ufficio acquisti di una catena di GDO cinese, senza alcuna referenza al suo interno e senza alcun contatto in loco che conosca personalmente l'interlocutore, presenta

possibilità di successo prossime allo zero. Molto probabilmente si verrà ignorati;

2. molto spesso vengono richieste da parte del centro acquisti dell'ipermercato delle *listing fees* alte (una specie di tassa di ingresso, più o meno ufficiale) per poter esporre all'interno dei negozi il tuo prodotto. Inoltre, se le vendite del primo periodo non sono soddisfacenti, il prodotto è rapidamente accantonato per far posto a nuovi prodotti che hanno potenzialità di vendita maggiori;

3. all'interno del supermercato, il tuo prodotto dovrà confrontarsi con decine di concorrenti provenienti da tutto il mondo. Se non si lavora sull'identificazione e differenziazione del *brand*, su promozioni o comunque su qualche concetto che lo renda unico, le possibilità di successo sono estremamente ridotte.

A riguardo del terzo punto, ricordo di una volta che entrai nel più grande negozio di un'importante catena di ipermercati di Shanghai e, dovendo valutare la situazione riguardante l'olio d'oliva per un cliente italiano con il quale stavo collaborando, mi trovai di fronte a uno scaffale con almeno una trentina di *brand* diversi di prodotti, provenienti da mezzo mondo. Molti di questi prodotti appartenevano alla stessa fascia di prezzo e presentavano confezioni molto simili tra loro. Mi apparve subito evidente che per un acquirente cinese, senza specifica competenza sull'olio d'oliva, i criteri di scelta potevano essere legati ad aspetti che poco avevano a che vedere con l'effettiva qualità del prodotto: forma della bottiglia, colori del marchio, presenza di volantini promozionali accanto a una certa marca ecc. Inserire un nuovo brand di olio d'oliva in quel contesto mi sembrò da subito impresa non facile.

Altro fenomeno molto significativo all'interno del panorama della vendita al dettaglio in Cina sono i supermercati di piccole e medie dimensioni. È importante sapere che il livello di prezzi e di clientela media di questi negozi, oltre che le loro dimensioni spesso ridotte, non consentono quasi mai l'introduzione di prodotti alimentari importati, che devono quindi trovare collocazione in altri contesti.

Ricordo ancora un produttore di vino italiano che era stato convinto a investire da un consulente che lo aveva impressionato citando numeri stratosferici relativi alla quantità di negozi in cui il suo vino avrebbe potuto essere distribuito in Cina, tralasciando però il fatto che all'interno di quel tipo di negozi (appunto supermercati delle catene sopra citate), il prezzo medio di una bottiglia di vino era di circa un quinto rispetto a quanto il produttore italiano sarebbe riuscito a proporre sul mercato cinese, mantenendo i propri standard qualitativi e i minimi livelli di profitto possibili.

Come distribuire il tuo prodotto

In Cina esistono fondamentalmente tre modi di distribuire il tuo prodotto:

1. utilizzare un importatore/distributore cinese;
2. stabilire una *partnership* o acquistare una società di distribuzione cinese;
3. sviluppare la tua forza vendita in loco.

Per intraprendere la strada descritta al punto 3, sono necessari investimenti di solito al di fuori della portata di una piccola o media azienda italiana, mentre le prime due soluzioni sono quelle adottate dalla maggioranza delle aziende straniere in Cina.

Rivolgersi a un distributore cinese è spesso la scelta più logica da fare quando si intende introdurre commercialmente il proprio prodotto sul territorio cinese, tuttavia la distribuzione a opera di parti terze, in Cina, è generalmente più cara che in altri paesi al mondo e il costo superiore non è sempre garanzia di un buon servizio.

La maggior parte dei distributori cinesi è fortemente carente sui più elementari principi di marketing e il loro ruolo si limita a quello di trasportatori, senza una precisa strategia per promuovere un prodotto e di conseguenza generare vendite.

Parlando del settore alimentare, in cui ho potuto acquisire personalmente una vasta esperienza, i migliori distributori cinesi fanno solitamente molto affidamento sulle aziende produttrici straniere, chiedendo loro di condividere le proprie esperienze di successo in altri paesi per poterle ripetere in Cina, specialmente per quanto riguarda aspetti legati al marketing e alla comunicazione.

Questa a mio giudizio è la via più proficua da seguire. Chi infatti, meglio del produttore stesso, conosce il modo migliore di presentare e promuovere il suo prodotto al pubblico? Lavorando in *team* con il distributore cinese si possono unire la conoscenza del prodotto e dei suoi punti di forza posseduta dal produttore italiano con la conoscenza del mercato e della cultura cinese posseduta dal distributore, massimizzando in questo modo le possibilità di successo commerciale in Cina.

SEGRETO n. 28: la maggior parte dei distributori cinesi è carente delle più elementari nozioni di marketing e dovrai lavorare in *team* con loro su questi aspetti, se vuoi ottenere successo commerciale in Cina.

Altro punto da non trascurare è quello che generalmente i distributori cinesi hanno nel loro portafogli molti prodotti diversi, a volte anche in diretta concorrenza tra di loro.

Non disponendo di tempo e di risorse illimitate, questi distributori devono per forza di cose privilegiare l'uno o l'altro prodotto. Inoltre, molti distributori cinesi hanno la tendenza a chiedere ai produttori occidentali condizioni di esclusività di distribuzione, solitamente con la motivazione che non vorrebbero vedere i propri sforzi di promozione del prodotto vanificati, favorendo magari un altro distributore loro concorrente che sta distribuendo nel medesimo mercato lo stesso prodotto.

Qualunque azienda produttrice di buon senso sa benissimo che concedere condizioni di esclusività è uno scenario da valutare con estrema cautela e, se possibile, da evitare, dato che si rischia di vedere "congelate" le proprie possibilità di espansione nel mercato a causa di un distributore pigro o semplicemente non troppo interessato a una crescita rapida del proprio prodotto, dato che ciò potrebbe infastidire un'altra azienda presente nel suo stesso portafoglio, che vende un prodotto simile.

Un *escamotage* efficace per risolvere questo possibile conflitto, è quello di differenziare i propri prodotti tramite attribuzione di *brand* differenti e dare esclusività di distribuzione solo per un determinato *brand*.

Che la qualità dei prodotti presentati con *brand* diversi sia effettivamente differente, può essere un dettaglio secondario, di difficile valutazione sia da parte del distributore che del consumatore finale. La scelta di due differenti fasce di prezzo, tuttavia, può rappresentare un modo sicuro per non indispettire i distributori scelti per i differenti prodotti e mostrargli chiaramente che i *target* di mercato dei due (o più) *brand* sono chiaramente differenti.

Ad ogni modo, alcuni punti importanti che andrebbero sempre verificati al momento della scelta di un distributore cinese per il tuo prodotto sono i seguenti:

- che non abbia in portafogli un prodotto troppo simile al tuo (come già detto);
- che abbia una conoscenza di base del tuo settore specifico, conosca i principali acquirenti in Cina e possibilmente abbia già relazioni commerciali con loro;
- che la società esista da almeno dieci anni e abbia un comprovato record di successi alle spalle. In Cina le società di distribuzione hanno una mortalità molto alta e se non si sceglie un partner solido si può rischiare di vederlo sparire in poco tempo;
- che abbia una buona reputazione sul mercato e tra i clienti. È

buona norma chiedere al distributore cinese tuo futuro partner di farti parlare con qualche cliente soddisfatto;

- che abbia la struttura logistica adeguata per distribuire il tuo prodotto (ad esempio, se vuoi importare prodotti congelati deve possedere dei camion frigoriferi per la distribuzione, un magazzino a temperatura controllata ecc.);

- che la sua forza vendita sia adeguata al territorio e sia localizzata nei punti strategici;

- che abbia un *rating* finanziario sicuro. Questo controllo va sempre effettuato prima di pensare a esposizioni finanziarie per la vendita del tuo prodotto;

- che almeno gli addetti agli acquisti e qualche dirigente dell'azienda possano comunicare con te in inglese o in italiano.

Per quanto riguarda la seconda soluzione proposta per la distribuzione in Cina, ovvero stabilire una *partnership* economica (o acquisire una società di distribuzione cinese), questa ipotesi può essere presa in considerazione da coloro che intendono operare un approccio al mercato più deciso e che comporti maggiori investimenti.

Questo è di certo uno scenario più rischioso perché richiede un coinvolgimento economico e fisico nel paese da parte del produttore italiano. Il mio consiglio è che prima di fare questo passo si cominci con un approccio più *soft*, come quello descritto nel punto precedente, per poi arrivarci una volta che il mercato cinese sta già reagendo in modo positivo al prodotto e si intenda passare al prossimo livello.

Ad ogni modo, in questo caso è fondamentale che il partner scelto abbia una forte rete commerciale in loco e forti contatti commerciali con i potenziali maggiori acquirenti. Questo è ciò che il partner cinese deve necessariamente portare "in dote", per poter giustificare l'esistenza dell'accordo.

Il rischio maggiore, anche qui, è che il tuo prodotto sia messo in secondo piano a livello di interesse e impiego di risorse, rispetto ad altri prodotti distribuiti dall'azienda cinese, nonostante il tuo investimento diretto nella società di distribuzione. Inoltre, il distributore cinese è colui che ha il contatto diretto con il mercato e quindi detiene il maggior potere all'interno del vostro accordo, il che non è mai una posizione agevole per l'altra parte.

Se le cose dovessero andare male, insieme al partner cinese, probabilmente, vedresti volatilizzarsi anche tutti i tuoi acquirenti principali, esponendo a un serio rischio le possibilità di successo del tuo progetto.

Una terza alternativa, come abbiamo visto, è quella di crearsi una propria rete vendita in Cina, assumendo dei venditori cinesi preferibilmente provenienti dallo stesso settore e, ancora più preferibilmente, che abbiano lavorato precedentemente per un distributore.

Questa soluzione richiede tempo, investimenti e molta pazienza e, come la precedente, è consigliata solo in un secondo tempo, quando il tuo prodotto starà già generando un certo utile all'interno del mercato cinese che, idealmente, potrà essere reinvestito nello sviluppo della tua forza vendita.

In Cina, inoltre, più che in altre parti del mondo, la vendita è basata moltissimo sulle relazioni personali. Assumere nella tua azienda cinese venditori provenienti da altre aziende dello stesso settore, potrebbe voler dire acquisire un intero parco clienti in possesso del venditore in breve tempo. Ovviamente, quanto più ampio è il potenziale portafoglio clienti posseduto dal venditore, tanto più ingente sarà il costo necessario per assumerlo nella tua azienda.

Alcuni suggerimenti utili per la gestione di una forza vendita propria sono:

1. è sempre consigliabile stabilire degli incentivi per i venditori basati sia sul volume generato che sulla profittabilità dei prodotti: utilizzare solo il primo parametro, in Cina, può spesso portare i venditori ad applicare di loro iniziativa dei forti sconti ai clienti, allo scopo di raggiungere i volumi che consentano loro di ottenere i bonus promessi;

2. è buona norma pagare i bonus ai venditori solo dopo che i clienti abbiano completato l'intero pagamento dei prodotti. Se ci si basa sulla ricezione degli ordini o sugli anticipi di pagamento, c'è il rischio di ricevere ordini fasulli o dei quali l'intero pagamento non verrà onorato, con previo accordo tra il tuo venditore e l'acquirente;

3. proibisci tassativamente ai tuoi venditori di corrispondere denaro "sotto banco" ad acquirenti per l'introduzione del tuo

prodotto in alcune catene di distribuzione. Questa pratica potrebbe mettere la tua azienda in serie difficoltà al cospetto della legge cinese.

SEGRETO n. 29: in Cina, più che altrove, la vendita si basa molto sul rapporto personale. Assumere un venditore proveniente da un'altra azienda spesso significa acquisire contestualmente almeno una parte dei clienti da lui seguiti in precedenza.

Come pubblicizzare il tuo prodotto

Pubblicizzare il tuo prodotto in Cina è assolutamente necessario se intendi acquisire quote di mercato interessanti: vista la dimensione e la varietà della tua concorrenza, se non comunichi agli acquirenti cinesi in maniera originale ed efficace il tuo messaggio, è veramente molto difficile che l'acquirente medio si accorga di te.

Raggiungere i tuoi potenziali clienti tramite la TV o altri media può essere molto costoso, tuttavia ci sono una serie di soluzioni alternative, che presentano un costo inferiore e che possono rivelarsi altrettanto efficaci. Una delle regole principali quando si pensa di pubblicizzare un prodotto in Cina è quella di mantenere il proprio messaggio semplice e ovvio.

I cinesi, infatti, non hanno ancora sviluppato quella resistenza alla pubblicità presente nei mercati più maturi, che rende necessario un ricorrente uso di doppi sensi, insinuazioni, spesso maliziose, o giochi di parole per rendere il messaggio efficace. Questa ricercatezza potrebbe spiazzare l'acquirente cinese, non ancora abituato a tali artifici.

Uno dei temi più utilizzati nelle pubblicità in Cina è quello di associare l'uso del prodotto reclamizzato con uno stile di vita occidentale, molto ambito dal cinese medio in quanto sinonimo di prosperità e abbondanza economica.

Moltissime pubblicità cinesi hanno come protagonisti attori occidentali, oppure cinesi inseriti in contesti che poco hanno a che vedere con le tradizioni della Cina. Uno dei luoghi dove le pubblicità non mancano mai è l'interno dei taxi cinesi, dove piccoli schermi a cristalli liquidi sono strategicamente posizionati sul retro dei poggiatesta dei sedili anteriori, per dare modo ai passeggeri di essere raggiunti da messaggi pubblicitari.

Spesso questi schermi sono dotati anche di funzionalità interattive: propongono al passeggero la scelta di quale spot guardare e a volte lo coinvolgono in veri e propri quiz o giochi (disponibili sia in inglese che in cinese).

Anche le fiancate dei mezzi di trasporto pubblici sono spesso adornate da pubblicità di marche occidentali.

SEGRETO n. 30: per una comunicazione pubblicitaria efficace in Cina è sempre consigliabile mantenere il proprio messaggio semplice e ovvio, evitando doppi sensi o insinuazioni.

In generale, gli esperti di comunicazione cinesi hanno evidenziato tre linee guida da tenere presenti quando si progetta una campagna pubblicitaria in Cina:

1. i cinesi solitamente rispondono molto bene a spot in cui sono presenti bambini;

2. la presenza di celebrità cinesi nel proprio spot è spesso un fattore vincente;

3. messaggi incentrati sui temi dello sport e della musica non sono così efficaci come in occidente, dato che questi argomenti non hanno ancora raggiunto un interesse corposo nella cultura popolare cinese.

Altro punto importante è quello di non trasmettere mai un messaggio in contrasto con i valori della cultura e delle tradizioni cinesi, come bambini che disobbediscono ai genitori (mancanza di rispetto all'autorità, peccato capitale nel confucianesimo) o che enfatizzano l'individualismo. Anche temi quali la patria cinese e la sua bandiera sono assolutamente da evitare. Infine, la pubblicità comparativa non è ammessa in Cina.

Per quanto riguarda la televisione, bisogna tenere presente che in Cina esistono una miriade di reti regionali e che l'unica rete a diffusione nazionale è la CCTV (China Central Television), che trasmette su dodici differenti canali. Gli spot negli orari di punta sulla CCTV sono assegnati tramite un processo di asta annuale molto competitivo e solo multinazionali di un certo livello possono permettersi i *budget* richiesti per questa operazione.

Una soluzione che sta prendendo piede molto velocemente in Cina è la pubblicità tramite video posti strategicamente al piano terra di edifici multipiano, in prossimità degli ascensori. Data l'alta densità di popolazione, non è raro che negli edifici pubblici o negli uffici, specialmente nelle ore di punta, si formino lunghe code davanti agli ascensori. Questo consente di creare consistenti gruppi di visione per questi spot.

Un altro strumento spesso usato in Cina, specie nel campo della moda e dell'alimentazione, per pubblicizzare prodotti commerciali è l'organizzazione di eventi sponsorizzati.

In questi eventi, un fattore molto importante è quello di educare il mercato all'uso del prodotto specie in campo alimentare. Ad esempio, parlando di vino, si può organizzare una conferenza in cui si illustrino l'origine e le caratteristiche dei principali vitigni italiani, e che abbia come finalità quella di sensibilizzare i potenziali acquirenti e far nascere un loro interesse non solo verso il prodotto specifico, ma nei riguardi del mercato del vino in generale.

Tre fattori di successo commerciale

In questo paragrafo andiamo ad analizzare tre tra i più comuni fattori di successo commerciale in Cina per aziende straniere, che andrebbero sempre attentamente valutati e considerati prima di intraprendere un progetto in questo campo.

1. *Effettuare un test di mercato.* Abbiamo già visto che preoccuparsi della propria rete di distribuzione ancora prima di esportare fisicamente il proprio prodotto in Cina è assolutamente fondamentale. Una strategia ancora più accorta prevede l'esecuzione di alcuni test di mercato, inviando il tuo prodotto in Cina in piccole quantità e iniziando a ipotizzare una diffusione più ampia dello stesso.

Queste prove servono a tastare il polso del mercato e vanno effettuate tramite alcuni canali di vendita strategici. Il rischio però è che, specialmente per prodotti di consumo, si generi in questo modo una domanda che non si è poi in grado di sostenere per mancanza di scorte di prodotto disponibili a breve tempo. Bisogna quindi pensare a queste azioni con la massima cautela.

2. *Evidenziare la propria unicità.* Il mercato cinese è costantemente attratto da ciò che è nuovo e da ciò che è proposto da aziende *leader* nel proprio settore. Su questi concetti va basata la propria comunicazione in Cina. Affermare di essere il numero uno nel proprio settore in Italia (anche se per fare ciò il settore è stato sapientemente selezionato e ridotto) può essere un incentivo molto forte per generare fiducia, e di conseguenza vendite, nel mercato cinese. Questo non vuol dire ovviamente che, per vendere un prodotto in Cina bisogna essere i *leader* assoluti di quel settore a livello mondiale.

Ad esempio, un'azienda con cui mi è capitato di lavorare nel settore alimentare, si presentò in Cina con una comunicazione che enfatizzava il fatto che si trattasse dell'azienda numero uno in Italia tra quelle a gestione familiare in quel settore. Questa comunicazione tralasciava però il fatto che, considerando anche quelle a gestione non familiare (ovvero le multinazionali), questa azienda occupava solo il quarto posto in termini di fatturato. Evidenziare ciò, non sarebbe stato evidentemente una mossa comunicativa vincente in Cina.

3. *Osservare cosa ha fatto la concorrenza.* A meno che la tua azienda non sia la prima nel tuo settore a proporre il suo prodotto in Cina (e al giorno d'oggi questa è un'evenienza alquanto rara) puoi andare ad analizzare in dettaglio come si sia mossa e che risultati abbia prodotto la tua concorrenza.

Dato che siamo in un mercato globale, probabilmente ti sei già confrontato con aziende concorrenti in altri mercati, conosci i loro punti di forza, di debolezza e il tuo posizionamento rispetto a loro. La loro presenza in Cina per te è un fattore importantissimo: significa che c'è un mercato per i tuoi prodotti e che gli acquirenti dei prodotti della tua concorrenza hanno già percepito il valore degli stessi.

Ti basterà quindi focalizzare la tua strategia sul convincerli a scegliere il tuo marchio invece di un altro, usando, ad esempio, le stesse armi con cui ti opponi ai tuoi concorrenti su altri mercati (prezzo inferiore, particolari *benefit* del tuo prodotto, immagine diversa ecc.).

Ovviamente, anche avere troppa concorrenza può avere delle controindicazioni. Saturare un mercato come quello cinese, rispetto a un determinato prodotto, non è cosa facile ma se ad esempio ci sono altre dieci aziende che vendono il tuo prodotto in Cina, probabilmente sarà molto difficile per te acquisire quote di mercato interessanti.

SEGRETO n. 31: tre fattori fondamentali di successo per vendere in Cina sono: fare ricerche di mercato, evidenziare la tua unicità e osservare le mosse della concorrenza.

Aprire un tuo negozio

Aprire e rendere profittevole un tuo negozio di vendita diretta al pubblico può rivelarsi una sfida alquanto impegnativa in Cina. Specialmente nelle *location* più prestigiose delle grandi città, gli affitti dei locali commerciali sono mediamente molto alti e abbiamo già visto che i costi di logistica possono erodere buona parte dei tuoi margini di profitto.

Un'opzione interessante può essere quella di affittare uno spazio in un centro commerciale. Questo garantisce visibilità e traffico di clienti che visitano abitualmente il centro commerciale. L'inconveniente è dato dal fatto che il centro commerciale di solito basa il proprio profitto su una percentuale del tuo fatturato e, in assenza del raggiungimento di una cifra minima per un periodo di tempo concordato, potrebbe senza troppi complimenti sfrattarti e concedere il tuo spazio a un'altra attività potenzialmente più redditizia.

Per questo il *turn-over* dei negozi nei centri commerciali cinesi è incredibilmente alto.

In particolare, in un piccolo centro commerciale a Shanghai posto nelle vicinanze del mio ufficio, c'è un particolare spazio commerciale che, nel 2008 ha avuto la bellezza di sei diversi occupanti, in media uno ogni due mesi: inizialmente ospitava un rivenditore di sandali, poi un negozio di scarpe, uno di prodotti alimentari importati e uno di abbigliamento da donna, tutti allestiti e spariti in tempi brevissimi, perché evidentemente non proficui in termini di vendite e per questo non graditi alla direzione del centro commerciale.

Un'alternativa interessante può essere quella di affittare un proprio spazio al di fuori di un centro commerciale, questo però potrebbe causare problemi di bassa affluenza, se la *location* non è sufficientemente strategica. Per questo è necessario identificare con chiarezza chi sia il tuo cliente medio e possibilmente effettuare uno studio geografico per capire dove la sua concentrazione sia maggiore. Quello sarà il posto più indicato per il tuo negozio.

SEGRETO n. 32: prima di decidere il posizionamento di un tuo negozio, è necessario identificare con chiarezza chi sia il tuo cliente medio e capire quale zona frequenti maggiormente.

Altro fattore da non trascurare è la mentalità dei tuoi dipendenti cinesi che si occuperanno di gestire fisicamente il negozio. A questo proposito voglio raccontare un aneddoto riportatomi da un amico francese che ha recentemente aperto un ristorante a Pechino. Il titolare, poco dopo l'apertura, trascorse in Cina varie settimane per addestrare nel migliore dei modi i camerieri cinesi a svolgere il proprio lavoro: in particolare pose particolare attenzione su come apparecchiare la tavola all'occidentale, che si stava rivelando un punto di comprensione ostico per i suoi dipendenti.

Alla fine del *training* i camerieri sembravano aver capito come posizionare correttamente coltelli, forchette, cucchiai e accessori vari sul tavolo.

Il mese successivo, il mio amico effettuò un nuovo viaggio in Cina e, entrando nel ristorante, si accorse che i tavoli erano tutti apparecchiati perfettamente ma con un particolare: il cucchiaio era sistematicamente posto al centro del piatto invece che di lato come era stato stabilito. Sorpreso, il mio amico si rivolse al capo dei camerieri per delle spiegazioni e si sentì rispondere in modo innocente: "È vero che ci hai insegnato diversamente e noi pensiamo che il tuo sistema di apparecchiare sia buono, ma non pensi che il nostro sia migliore?"

La morale della storia è che il processo di formazione del personale cinese deve essere continuamente rinnovato, per evitare che, di loro iniziativa e sicuramente in buona fede, i tuoi dipendenti devino da quanto gli è stato insegnato, con risultati a volte catastrofici.

Altra possibilità di vendita in Cina è quella di concedere il tuo marchio in *franchising*. I cinesi sono molto interessati a questa opportunità, specialmente per il fatto che mette a loro disposizione l'esperienza e la competenza commerciale del titolare del *brand*, maturata in molti anni di attività e conoscenza del settore.

Il problema principale è trovare affiliati di qualità, dato che in Cina non esiste alcun ente che possa verificare la situazione creditizia delle persone fisiche e quindi permettere di avere garanzie in questo senso.

Un conoscente americano che aveva intenzione di concedere in *franchising* il suo marchio di calzature sportive, mi raccontò di aver ricevuto a una fiera specializzata sul *franchising* oltre 500 biglietti da visita di persone interessate ad affiliarsi, con alcuni che si erano presentati da lui direttamente con pacchi di soldi in contanti per dare avvio immediatamente all'operazione! Tramite un lungo processo di selezione, questa persona ridusse il numero di potenziali partner a cui concedere l'affiliazione a solo due individui, ovvero meno dello 0.5 % di coloro che ne avevano fatto domanda.

La preoccupazione principale di chi concede il proprio marchio in *franchising* è ovviamente che questo sia poi tutelato e non ne esca in alcun modo danneggiato; con le dimensioni del mercato cinese, un danno di immagine che si diffondesse all'interno dello stesso (oggi con l'uso dei *social network* e di internet ci vuole molto poco a "perdere la faccia", letteralmente, di fronte a milioni di persone a causa di un passo falso) potrebbe compromettere seriamente le possibilità di successo future per il tuo marchio in Cina.

RIEPILOGO DEL GIORNO 5:

- SEGRETO n. 25: la Cina è un mercato interessante per qualsiasi azienda che voglia vendere il suo prodotto nel territorio, ma è lontana dall'essere la terra promessa che molte aziende straniere credono di trovare a causa dei grandi numeri che la contraddistinguono.

- SEGRETO n. 26: in Cina, come in altri paesi che hanno vissuto un notevole sviluppo economico in tempi recenti, il mercato interno è guidato più da fattori psicologici che da reali bisogni degli individui.

- SEGRETO n. 27: le tendenze e le abitudini dei consumatori cinesi cambiano molto in base alle varie regioni ed è difficile accomunarle tutte in un unico insieme globale.

- SEGRETO n. 28: la maggior parte dei distributori cinesi è carente delle più elementari nozioni di marketing e dovrai lavorare in *team* con loro su questi aspetti, se vuoi ottenere successo commerciale in Cina.

- SEGRETO n. 29: in Cina, più che altrove, la vendita si basa molto sul rapporto personale. Assumere un venditore proveniente da un'altra azienda spesso significa acquisire contestualmente almeno una parte dei clienti da lui seguiti in precedenza.

- SEGRETO n. 30: per una comunicazione pubblicitaria efficace in Cina è sempre consigliabile mantenere il proprio messaggio semplice e ovvio, evitando doppi sensi o insinuazioni.

- SEGRETO n. 31: tre fattori fondamentali di successo per vendere in Cina sono: fare ricerche di mercato, evidenziare la tua unicità e osservare le mosse della concorrenza.

- SEGRETO n. 32: prima di decidere il posizionamento di un tuo negozio, è necessario identificare con chiarezza chi sia il tuo cliente medio e capire quale zona frequenti maggiormente.

GIORNO 6:

Come iniziare a produrre in Cina

Il miraggio del risparmio

Chi decide di delocalizzare la propria attività produttiva in Cina, fondamentalmente lo fa perché spinto da una sola grande ragione: ridurre i costi di produzione e poter conseguentemente aumentare i margini di profitto dell'attività. Questo assunto, che presenta certamente una solida base di verità, è però spesso valutato in maniera assolutamente poco realistica da chi si appresta a intraprendere questo tipo di progetto.

Che produrre in Cina presenti dei punti di vantaggio è fuori discussione, non si spiegherebbe altrimenti perché tutte le maggiori multinazionali mondiali possiedono già unità produttive sul territorio cinese; tuttavia è la stima dei risparmi a essere spesso sovrastimata dalle piccole e medie imprese. Al consolidamento di questo mito contribuiscono certamente i dati sugli stipendi degli operai cinesi, che effettivamente ammontano spesso a una frazione di quelli dei loro colleghi occidentali. Il problema è che questa è solo una delle varie voci di spesa che andranno a costituire l'intero bilancio aziendale. La sua incidenza sul totale non è spesso così determinante da rendere il progetto finale così conveniente come si era ipotizzato.

Andiamo ad analizzare quali sono i tre fattori principali che contribuiscono a ridimensionare il mito del basso costo produttivo in Cina:

1. la mano d'opera cinese ha mediamente un livello di abilità tecnica nettamente inferiore a quella occidentale. Ciò vuol dire che, per svolgere lo stesso lavoro, in Cina bisogna impiegare più persone di quante ne impiegheremmo in Italia. Questo contribuisce a ridurre i risparmi causati dagli stipendi bassi;

2. in Cina, specialmente in alcune aree geografiche, sono frequenti le interruzioni di corrente elettrica e la mancanza di altre *utilities*. Gli arresti di produzione dovuti a questi eventi vanno inevitabilmente a ripercuotersi sulla profittabilità della fabbrica, specialmente in processi che hanno lunghe fasi di avvio e di *shut-down*;

3. il *turnover* degli operai in Cina è molto più elevato che in

Occidente. Avere spesso cambiamenti di personale vuol dire doverli formare di volta in volta e perdere in efficienza produttiva.

A questi se ne può aggiungere un altro, spesso poco considerato da chi decide di produrre in Cina. In alcuni processi produttivi, l'abilità tecnica degli operai può compensare una qualità delle materie prime necessarie al processo non eccelsa, ovvero si può considerare l'ipotesi di acquistare materie prime di qualità inferiore (quindi più economiche) e contare sul fatto di produrre all'interno dei propri standard di qualità desiderati, grazie all'abilità e all'esperienza degli addetti di produzione.

In Cina questo spesso non è possibile a causa del grado di esperienza e competenza generalmente basso degli operai cinesi, il che può tramutarsi in costi di acquisto maggiorati relativi alle materie prime, per poter garantire il minor intervento possibile sul processo da parte di chi supervisiona e controlla il processo produttivo stesso.

SEGRETO n. 33: le economie sui costi di produzione che si

possono realizzare delocalizzando un'attività produttiva in Cina sono sicuramente interessanti, ma molto spesso sopravvalutate e mistificate.

Fatte queste premesse negative, verrebbe da pensare: allora dov'è la convenienza? In realtà la convenienza c'è, anche se forse non delle dimensioni che si potrebbe credere superficialmente. I quattro fattori qui sotto sono quelli che invece rendono la produzione in Cina un discorso sicuramente interessante per alcune società estere:

1. i vari costi legati alla produzione, come le *utilities*, l'affitto del terreno e molti altri costi operativi, sono generalmente molto inferiori a quelli occidentali;

2. dovendo partire da zero, in Cina si possono adottare processi produttivi e procedure di lavoro più moderne di quelle in uso nella tua fabbrica italiana, che garantiscono una maggiore efficienza produttiva nel tuo processo e quindi generano un risparmio. Nel tuo stabilimento italiano mettere in opera questi cambiamenti, quando si è lavorato in una certa maniera per decenni, potrebbe essere traumatico o semplicemente di difficile realizzazione;

3. i costi di costruzione in Cina sono nettamente inferiori a quelli occidentali;

4. la grande concentrazione e varietà di fornitori cinesi (come abbiamo visto nel capitolo precedente) contribuisce ad abbassare i prezzi di fornitura, a garantire una maggiore scelta e varietà e a ottimizzare l'aspetto produttivo.

Ancora una volta quindi, studiare la Cina ti consente di dissipare quell'aura di terra promessa dove tutto costa meno e di valutare serenamente le opportunità di business per la tua azienda, valutando i pro e i contro.

Perché produrre in Cina

A parte il costo ridotto del lavoro, cos'altro spinge le aziende internazionali a de-localizzare la propria produzione in Cina? Certamente la grande opportunità di poter distribuire il proprio prodotto nel promettente mercato cinese, partendo da una posizione di vantaggio.

Solitamente, a questa soluzione si arriva in un secondo tempo quando si sta già producendo in Cina con successo e vendendo nei propri mercati di riferimento. Questo è sicuramente l'approccio che si è rivelato vincente per molte aziende: de-localizzare la produzione in Cina è già un progetto complesso e difficoltoso di per sé, unirlo anche al progetto di sviluppare una propria rete vendita in Cina e posizionare il proprio prodotto in un mercato completamente nuovo, vorrebbe dire prendere un rischio troppo alto.

Un caso a parte è quando la tua azienda serve già dei suoi clienti cinesi e si tratterebbe, quindi, solo di cambiare l'origine della fornitura, con evidenti vantaggi per tutte le parti coinvolte.

SEGRETO n. 34: una delle maggiori attrattive del produrre in Cina è la possibilità di poter distribuire il proprio prodotto sul mercato cinese, partendo da una posizione logistica di netto vantaggio.

A questo proposito posso citare il caso di un'azienda con cui ho collaborato, che produce macchinari e materiale da imballo per il *packaging* di alimenti. Questa azienda aveva già una serie di clienti storici in Cina, a cui vendeva da anni il materiale da imballo utilizzato dalle macchine confezionatrici che gli erano state in precedenza vendute.

I volumi di acquisto di questi clienti cinesi si erano via via ridotti negli anni, a causa dei costi elevati di trasporto del prodotto dall'Italia e soprattutto a causa della concorrenza di alcuni produttori cinesi, i quali erano riusciti a riprodurre questo materiale, a produrlo localmente e a offrirlo ai clienti cinesi a un prezzo del 30% inferiore rispetto a quello che l'azienda italiana, pur azzerando praticamente i propri margini di profitto, era in grado di proporre. Si andava verso un lento esaurimento degli ordini provenienti dalla Cina.

La soluzione che proponemmo fu quella di stipulare un accordo con uno di questi produttori cinesi, in una sorta di *partnership* industriale in cui l'azienda italiana avrebbe fornito *know-how* e supporto tecnico al produttore cinese (il cui materiale da imballo presentava ancora un livello qualitativo inferiore rispetto all'originale, dovuto principalmente a inesperienza e mancanza di conoscenze tecniche approfondite) e lo avrebbe aiutato a realizzare maggiori vendite grazie a un'azione commerciale congiunta sul territorio cinese. Con questa soluzione, l'azienda italiana poteva iniziare a rifornire i propri clienti cinesi direttamente dalla Cina, senza effettuare grossi investimenti produttivi (si utilizzava una parte della capacità produttiva di una fabbrica cinese esistente, che produceva anche diversi altri prodotti per altri settori).

Inoltre si garantiva un incremento di produzione con standard di qualità maggiori per il produttore cinese che stava già copiando quel prodotto e, cosa non da poco, i clienti cinesi avrebbero potuto avere un prodotto di qualità a un prezzo concorrenziale anche per il mercato cinese. In altre parole, tutte le parti coinvolte avrebbero tratto benefici da questa soluzione.

Se la tua azienda non vende ancora in Cina e stai pensando di delocalizzare la tua produzione in quel paese, sia costruendo una tua fabbrica che utilizzando la struttura produttiva di un cinese con cui andrai a fare una JV produttiva, i primi mercati su cui proporre i prodotti derivanti da questa operazione saranno quelli dove stai già vendendo e hai dei clienti consolidati. Ovviamente il passaggio da prodotto fabbricato in Italia a quello fabbricato in

Cina deve avvenire nel modo più sicuro possibile, assicurandoti che gli standard di qualità siano esattamente gli stessi e che il tuo cliente non noti alcuna differenza tra i prodotti.

Ecco perché è necessaria la costituzione di una *joint venture* produttiva tra la tua azienda e il partner cinese e perché questo progetto si discosta totalmente da quello di una semplice fornitura dalla Cina: in questo caso, il produttore cinese ti aprirà le sue porte e ti darà la possibilità di spiegargli esattamente come deve essere prodotto ciò che commercializzi, mentre nel primo caso non ti consentirà di certo di entrare nel merito approfondito delle sue metodologie e del suo processo produttivo, dato che sei un suo cliente ma non un suo partner.

Come scegliere la tua location
Se hai deciso di studiare a fondo il progetto di de-localizzare la tua produzione in Cina, la scelta della *location* della tua fabbrica è di cruciale importanza. Il suo posizionamento, infatti, potrebbe determinare il successo o il fallimento della tua operazione, dato che da esso dipendono fattori fondamentali quali la ricezione delle materie prime per il processo produttivo, la spedizione del tuo

prodotto finito verso le destinazioni finali, la disponibilità e la qualità delle *utilities* necessarie alla tua produzione e, non da ultimo, la disponibilità della tua forza lavoro cinese in quella specifica regione. Anche in questo caso, un'analisi ragionata sui parametri più importanti per il tuo specifico settore ti può mettere al riparo da decisioni affrettate o penalizzanti.

Innanzitutto è fondamentale definire quali sono i fattori chiave di successo della tua futura fabbrica. Dato che stai pensando a una delocalizzazione in Cina si presuppone che tu abbia già maturato una certa esperienza produttiva nel tuo settore e possa aver acquisito almeno l'esperienza di base necessaria a evitare gli errori più grossolani.

Un'analisi delle principali problematiche correlate con la tua corrente attività produttiva in Italia è il punto di partenza per la definizione strategica dei parametri chiave da ricercare quando andrai a produrre in Cina. Da dove vengono i principali problemi produttivi e logistici nella tua attività italiana? Quali sono gli elementi imprescindibili dei quali non si può assolutamente fare a meno?

Questi devono essere i punti di domanda che sarà necessario considerare nella tua scelta della *location*. La vicinanza a un porto per poter rapidamente imbarcare il prodotto destinato all'estero, la vicinanza a un determinato fornitore o cliente strategico, possono essere esempi di questi parametri chiave.

Una volta che avrai creato una *short-list* di possibili *location*, è consigliabile entrare in contatto con altre aziende estere che abbiano effettuato la stessa scelta. Ti puoi presentare dicendo che hai intenzione di costruire una fabbrica nella stessa località e che apprezzeresti se ti potessero dare una loro impressione sui pro e i contro di quello specifico posto.

È ovviamente preferibile non andare a porre queste domande a eventuali propri diretti concorrenti. Così pure, se non ci sono altre aziende straniere in quella stessa area, ci si può interrogare sul perché nessun altro abbia fatto quella scelta e magari optare per una soluzione alternativa.

Abbiamo già commentato nei capitoli precedenti come il governo cinese stia incentivando in ogni modo lo sviluppo della parte occidentale del paese, con la creazione di zone industriali speciali e con la concessione di diversi vantaggi alle aziende straniere che decidano di non posizionare le proprie unità produttive sull'affollata costa orientale ma di contribuire con la propria installazione allo sviluppo dell'Ovest del paese.

Un parametro interessante da valutare, quindi, sono proprio questi incentivi del governo cinese in particolari zone, che possono consistere in forti riduzioni sul prezzo delle utilità industriali nella fase di *startup* fino alla totale esenzione dal pagamento di imposte sul reddito nei primi anni di attività dell'impresa.

Persone rappresentanti di queste zone industriali speciali effettuano dei veri e propri tour promozionali in Europa, visitando aziende potenzialmente interessate a produrre in Cina e promuovendo in ogni modo la propria *location*.

Ricordo di essere entrato in contatto con una squadra di cinesi preposta a questo compito quando collaboravo con una società italiana come consulente per l'espansione sui mercati esteri. Ricevemmo la visita di una delegazione di ben sette cinesi che, in modo molto formale e cerimonioso, ci mostrarono una dettagliata presentazione su tutti i vantaggi che l'azienda italiana avrebbe ottenuto scegliendo quella specifica zona industriale per una sua eventuale fabbrica sul territorio cinese.

Tuttavia, scegliere il posizionamento solo sulla base degli incentivi di natura economica che si possono ottenere può rivelarsi una scelta errata. Mi viene in mente un aneddoto raccontatomi da un mio conoscente americano, che lavora per una società di consulenza cinese specializzata nel supporto ad aziende del settore automobilistico che intendono de-localizzare parte della loro produzione in Cina.

In un caso particolare, si trovarono a lavorare su un progetto di una fabbrica del valore di oltre 20 milioni di USD nelle vicinanze di Shanghai. Nell'accordo siglato dal produttore con il governo di quella provincia, erano presenti dei forti incentivi legati soprattutto alla riduzione della leva fiscale e ai diritti di utilizzo del terreno su cui sarebbe dovuta sorgere la fabbrica.

Tuttavia, in tipico stile cinese, poco dopo la firma dell'accordo, il governo regionale annunciò dei drastici cambiamenti nella legislazione relativa all'accordo, che di fatto riducevano fortemente gli incentivi iniziali promessi all'azienda straniera.

Fortunatamente, la società di consulenza in cui lavorava il mio conoscente aveva effettuato una scelta del posizionamento della fabbrica basata anche sui parametri chiave per quell'industria, tra cui la vicinanza con un cliente molto strategico, quindi la scomparsa improvvisa dei *benefit* promessi dal governo non influì di molto sulla profittabilità dell'operazione. Se la scelta fosse stata fatta principalmente basandosi sugli incentivi, che pure erano estremamente motivanti, si sarebbe rischiato il disastro totale.

Riassumiamo qui sotto quali sono i parametri chiave principali per la scelta della *location* della tua fabbrica cinese:

1. *prossimità con i fornitori e i clienti.* Vedere il proprio processo produttivo costretto a fermarsi per mancanza di materie prime è una delle ipotesi meno auspicabili per un imprenditore. In Cina questo rischio è aggravato dalle condizioni delle reti stradali e ferroviarie, quindi posizionarsi troppo lontano o in

modo logisticamente scomodo rispetto ai propri fornitori non è un'opzione considerabile nella scelta della location;

2. *affidabilità delle utilità industriali.* Specialmente vicino alle grandi città, in Cina può capitare di dover subire razionamenti dell'energia elettrica durante gli orari di punta, ad esempio in estate. Come visto, questa è un'evenienza da evitare a tutti i costi. Lo stesso dicasi per tutte le altre utilità necessari al funzionamento di una fabbrica: acqua, aria, combustibili ecc.;

3. *disponibilità della forza lavoro.* È un dato di fatto che la forza lavoro più abile in Cina si concentra nella fascia orientale del paese, dove i salari sono più alti e le possibilità di impiego sono maggiori. Un operaio di Chongching o di Chengdu necessita mediamente di un numero maggiore di ore di *training* rispetto a uno di Shanghai. Questo fattore va tenuto in conto durate la stesura del proprio *business plan*, dovendo considerare dei tempi più lunghi per giungere a una completa operatività ed efficienza della fabbrica.

SEGRETO n. 35: i tre parametri fondamentali da valutare per la scelta della *location* di una fabbrica cinese sono: prossimità con fornitori e clienti, affidabilità delle utilità

industriali e disponibilità della forza lavoro cinese.

Ci sono poi due situazioni da evitare assolutamente e che hanno rappresentato un grave inconveniente per alcune aziende straniere che ne hanno trascurata l'analisi:

1. *scegliere un terreno su cui sono presenti dei pali della luce.* L'intero sistema elettrico, in Cina, è gestito dal governo centrale e i vari governi regionali non hanno l'autorità di effettuare interventi a loro piacimento. Rimuovere questi pali può rappresentare un vero e proprio problema, che determina ingenti spese e tempi di attesa lunghissimi prima che tutte le necessarie autorizzazioni vengano concesse;

2. *scegliere un terreno abitato (normalmente da contadini)* La prassi è che gli abitanti vengano rilocati dal governo locale dietro pagamento di un compenso economico, ma molto spesso questa procedura non avviene in modo lineare e tranquillo dato che alcuni di questi contadini potrebbero non essere d'accordo con questa imposizione. Inoltre, collegare la propria presenza in una comunità con degli iniziali problemi sociali non è ovviamente consigliabile in alcun caso.

A proposito del secondo punto, ricordo il racconto di un amico cinese che vive a Shanghai e la cui famiglia abita in una regione remota della provincia.

A causa della costruzione di una fabbrica straniera, l'intero villaggio dove risiedeva la sua famiglia fu fatto sgomberare con questa disarmante procedura: il governo semplicemente mandò dei funzionari ad attaccare sulla porta di ogni casa un freddo comunicato, che spiegava che di lì a trenta giorni ogni abitazione di quel villaggio sarebbe stata demolita. Il compenso per questo "incomodo" era stato fissato dal governo nell'equivalente di circa 250 euro a famiglia.

Costruire la tua fabbrica in Cina

La costruzione fisica della tua fabbrica rappresenta, come si può facilmente immaginare, uno dei passaggi più impegnativi dell'intero progetto, comparabile per difficoltà e complessità solo a quello di ottenere le autorizzazioni necessarie per partire con la produzione, di cui parleremo nel prossimo paragrafo.

In questa fase la sfida è trovare un giusto bilanciamento tra l'ottenimento di standard di qualità adeguati e un oculato controllo dei costi. Un controllo economico completo sull'attività delle imprese di costruzione cinesi non è fisicamente possibile, quindi una buona parte della riuscita di questo *step* è la scelta di imprese serie, oneste e di comprovata efficienza.

La legge cinese impone di rivolgersi ad almeno tre tipi di società per la costruzione di una fabbrica:

1. una società di progettazione, che si occupa del disegno tecnico della struttura;

2. un *general contractor*, che si occupa della costruzione fisica della struttura;

3. una società di supervisione denominata, in cinese, *Jian li*.

Il ruolo di quest'ultima società è quello di monitorare l'attività delle altre due; per questo è molto importante far cadere la propria scelta su una società seria e che svolga questo ruolo in modo adeguato. Non è raro sentire di società di supervisione che non si rivelano in grado di individuare errori grossolani di progettazione o di esecuzione dei lavori, errori che anche un profano potrebbe constatare a occhio nudo recandosi sul cantiere. Ad ogni modo, è preferibile non affidarsi mai completamente a questo tipo di società per la supervisione dei lavori ed effettuare periodicamente dei propri controlli in parallelo o, ancora meglio, rivolgersi a una società di *project management* straniera, con comprovata esperienza nel settore, che rappresenta sempre un'ulteriore garanzia di qualità.

Il miglior modo di selezionare un general contractor, come sempre, è quello di farsene raccomandare uno da un'altra azienda che ne abbia potuto constatare la serietà e l'efficienza precedentemente. In mancanza di questa possibilità ci si può rivolgere al governo locale e chiedere di segnalarci qualche azienda a loro giudizio particolarmente valida.

Una scelta importante è quella se assumere un GC locale o proveniente da un'altra regione. Ovviamente nel secondo caso i costi potrebbero essere maggiori a causa del maggior impegno logistico richiesto e anche del fatto che un'azienda locale normalmente ha maggiori connessioni con il governo del posto e potrebbe essere in grado di ottenere autorizzazioni in modo più rapido e meno dispendioso.

Un altro vantaggio di un GC locale è che potrebbe avere più facilità a procurarsi la forza lavoro necessaria, avendo già familiarità con il territorio e i suoi abitanti. Tuttavia, se localmente non sono disponibili aziende valide, è sicuramente preferibile effettuare un investimento maggiore che potrà certamente evitare molti problemi in futuro.

Purtroppo, la possibilità che il tuo GC sparisca con i soldi, oltre che nel nostro paese, è presente anche in Cina. Tuttavia esperti del settore affermano che le possibilità sono statisticamente molto inferiori in Cina piuttosto che in altri paesi del mondo (tra cui l'Italia).

Ad ogni modo, se vuoi costruire una fabbrica in Cina, la scelta di un GC cinese è praticamente obbligata dato che le aziende straniere in questo settore sono estremamente rare.

Una soluzione sempre consigliata, al contrario, è quella di assumere un'azienda straniera come *project manager*, che svolga un ruolo di supervisione più approfondito rispetto a quello "ufficiale" svolto dalla *Jian Li*. Un PM ha un costo mediamente alto ma spesso questo investimento può rivelarsi prezioso, dato che un buon PM si occupa anche di monitorare la gestione finanziaria del progetto stesso, generando con la sua stessa presenza notevoli risparmi in altre aree. La soluzione migliore, ovviamente, è quella di utilizzare qualcuno interno alla tua azienda, se disponibile, che possieda la necessaria esperienza per svolgere questo ruolo con successo.

Per quanto riguarda il contratto con il tuo GC, il consiglio è sempre quello di usare una forma di contratto tua, preparata da un legale italiano di tua fiducia.

Le forme di contratto con impostazione cinese che potrebbe proporti il tuo GC potrebbero presentare dei punti poco chiari e sono per questo da sconsigliare. Ecco qui di seguito tre punti fondamentali da non trascurare:

1. assicurati che la traduzione del contratto sia controllata almeno due volte da parti neutre. Errori di traduzione possono generare problemi di ogni sorta, come è successo già a molte aziende straniere;

2. preparati a negoziare ogni singolo punto dell'accordo. Il GC ti

dirà probabilmente che alcune condizioni non sono negoziabili. Non credergli perché, quasi sempre, non è vero;

3. richiedi al GC varie forme di assicurazione. L'obiettivo è quello di proteggerti dal rischio che il GC sparisca con i tuoi soldi senza aver portato a termine il lavoro. Per fare ciò sono possibili varie soluzioni a livello finanziario e un buon consulente può illustrartene diverse (lettere bancarie, *performance bond* ecc.).

SEGRETO n. 36: la legge cinese impone di rivolgersi a tre diversi tipi di imprese per la costruzione di una fabbrica: società di progettazione, *general contractor* e società di supervisione.

Un'attenzione particolare va portata nel caso in cui la tua fabbrica richieda materiali di costruzione o standard qualitativi mediamente più alti di quelli richiesti per altro tipo di fabbriche.

In questo caso, ciò va specificato chiaramente in fase di contrattazione con il GC, in modo che i materiali o gli standard speciali siano esplicitamente presi in considerazione durante la stima dei costi. Non è infrequente il caso di aziende cinesi che maggiorano il preventivo in corso d'opera, con la scusa che non fosse stato specificato chiaramente l'uso di uno specifico materiale di costruzione particolarmente costoso.

Il consiglio è di tenere traccia scritta di ogni comunicazione con il GC e di non dare alcun valore agli accordi verbali. Se durante la costruzione c'è qualche dettaglio di cui non sei completamente soddisfatto, non far sembrare in alcun modo che sei disposto ad accettarlo, il GC a fine opera potrebbe utilizzare una tua accettazione passiva come prova che il suo lavoro fosse stato inizialmente approvato e solo dopo contestato.

La pavimentazione dell'edifico e il sistema elettrico sono due punti fondamentali della costruzione. Lo spessore del pavimento deve essere adeguato e il cemento della gittata di buona fattura dato che è riportato da più fonti che molte imprese cinesi hanno la tendenza ad aggiungere troppa sabbia all'impasto. Il consiglio è quello di far analizzare il materiale da un esperto.

Un sistema elettrico eseguito in modo approssimativo può

generare problemi di ogni sorta al funzionamento dei tuoi macchinari e va assolutamente verificato.

Come ottenere le necessarie approvazioni

La parte burocratica del tuo progetto in Cina può rappresentare un vero e proprio grattacapo. È assolutamente raccomandabile rivolgersi a un consulente esperto che abbia già eseguito questo tipo di progetti e sappia muoversi facilmente, con la sua struttura locale, nei meandri della burocrazia cinese.

Qui di seguito propongo una lista indicativa dei principali passaggi che, sequenzialmente, devono essere portati a termine partendo da zero, per arrivare a ottenere tutte le approvazioni legali necessarie per iniziare a produrre:

1. acquisizione dell'approvazione preliminare del progetto da parte di un ufficio locale dell'organo governativo denominato SRDC (*State Reform and Development Committe*);

2. acquisizione di una pre-approvazione da parte di un ufficio locale dell'organo governativo denominato SAEP (*State Administration for Environmental Protection*). A seconda del settore di attività della tua azienda, il SAEP ti chiederà di

effettuare uno studio dell'impatto ambientale e di presentargli i risultati dettagliati di questo studio;

3. ottenimento del permesso di pianificazione della costruzione. Questo *step* è di solito abbastanza veloce e non presenta particolari problemi;

4. non appena avrai ottenuto i documenti descritti nei punti precedenti, potrai richiedere finalmente il documento di approvazione finale del progetto, emesso ancora una volta dal SRDC;

5. ottenimento della *business licence* da parte dell'organo governativo denominato AIC (*Association of Industry and Commerce*);

6. ottenimento del certificato di utilizzo del terreno. Questo è uno degli *step* più laboriosi da compiere e il tempo necessario medio è di qualche mese;

7. ottenimento del permesso di costruzione. Questo *step* implica la presentazione del progetto di costruzione completo all'ufficio locale denominato *Construction Bureau*.

Al termine della costruzione, l'edificio deve essere sottoposto a diverse ispezioni che verifichino la qualità della costruzione, la sicurezza delle apparecchiature, la sicurezza antincendio ecc. Quando tutte le ispezioni saranno superate, ti verrà rilasciato un certificato di occupazione col quale ti si concede l'autorizzazione a utilizzare fisicamente l'edificio.

Come gestire gli operai cinesi

Gli operai cinesi costituiscono la tua forza produttiva e rappresentano un fattore chiave per il successo della tua fabbrica. Nonostante l'abbondanza di personale disponibile nel mercato cinese per questo tipo di occupazione, selezionare operai validi, affidabili ed efficienti non è facile.

Il primo concetto fondamentale da tenere presente è che non ci si può aspettare dagli operai cinesi la stessa efficienza e competenza degli operai italiani.

L'operaio cinese, spesso, è un giovane che proviene da una famiglia di contadini e si sta confrontando da poco con un impiego di tipo industriale. Non possiede quindi esperienza pregressa in questo campo e deve ancora acquisire la professionalità e l'efficienza tipiche di chi svolge questo lavoro da molti anni. Inoltre, le ovvie difficoltà di comunicazione dovute alla lingua rendono il processo di formazione sulle specifiche funzioni che dovrà svolgere all'interno della tua fabbrica, più difficoltoso e laborioso.

Anche gli operai con esperienze precedenti di lavoro in altre fabbriche hanno generalmente poca attitudine all'utilizzo di macchinari, dato che la maggior parte delle fabbriche cinesi sono molto poco automatizzate, proprio per sfruttare il basso costo della forza lavoro.

Per un operaio cinese medio l'utilizzo di un macchinario moderno e complesso potrebbe rappresentare qualcosa di completamente nuovo; il processo di assimilazione deve, quindi, essere molto graduale. Inoltre, non vanno trascurate alcune caratteristiche di mentalità tipiche del popolo cinese: ad esempio l'operaio cinese medio ha la tendenza a fermarsi di fronte a qualsiasi problema imprevisto o che non gli sia stato preventivamente spiegato.

Anche i normali inconvenienti, all'ordine del giorno in tutti i siti produttivi industriali e che un operaio italiano medio non avrebbe alcuna difficoltà a risolvere, usando magari un pizzico di iniziativa personale o di estro, possono rappresentare per l'operaio cinese degli insormontabili blocchi di arresto.

Infine, a rendere meno efficienti gli operai cinesi rispetto ai loro colleghi italiani contribuisce il fatto che il loro livello di cultura medio è nettamente inferiore. Infatti, specie nella parte interna del paese, il grado di istruzione delle classi meno abbienti è molto basso.

SEGRETO n. 36: generalmente non ti puoi attendere da un operaio cinese la stessa efficienza e competenza di un operaio italiano, a causa della sua inesperienza professionale, delle difficoltà di comunicazione e del livello culturale medio inferiore.

Allo scopo di ottenere un'efficienza produttiva alta all'interno della tua fabbrica cinese, quindi, a causa dei fattori descritti qui sopra, è necessario porre grande cura nella formazione degli operai. Una pratica che si è rivelata molto efficace è quella di assumere i responsabili di produzione per primi e di farsi supportare da questi nel reclutamento dei loro rispettivi *team*. Questo permetterà di creare all'interno delle squadre di lavoro quello spirito di gruppo essenziale per ottenere risultati di qualità. Il lato negativo di questa strategia è che, se il team leader dovesse decidere di abbandonare la tua società, è molto probabile che l'intero team decida di seguirlo mettendoti potenzialmente in una situazione difficile.

Un altro aspetto da non sottovalutare nei cinesi è la loro forte mentalità competitiva. I cinesi tendono spesso a inquadrare le situazioni in uno scenario di "noi contro loro", dove per "loro" spesso si intende gli stranieri titolari dell'impresa.

Quando si riesce a dirigere questa loro competitività non contro il datore di lavoro ma nei confronti degli altri *team* di operai, creando tra loro una sana competizione, la produttività della fabbrica può uscirne decisamente incrementata.

Un buon metodo per ottenere questo risultato può essere quello di creare un sistema di compensi legato alla produttività delle singole squadre di lavoro. In questo caso, bisogna però sempre prestare attenzione a che gli operai cinesi, allo scopo di svolgere più velocemente il proprio lavoro e ottenere il compenso, non tralascino importanti aspetti legati alla qualità.

Altri aspetti da non trascurare sono quelli relativi alla tua filosofia aziendale e al messaggio commerciale che il tuo *brand* intende trasmettere; concetti che, per forza di cose, sono sconosciuti ai tuoi nuovi operai cinesi e che andranno loro insegnati affinché possano svolgere al meglio il proprio lavoro.

Molte aziende estere commettono l'errore di focalizzare il *training* degli operai e dei responsabili di produzione cinesi esclusivamente sugli aspetti tecnici, sull'operatività dei macchinari e sulle procedure produttive.

L'aspetto culturale relativo alla tua azienda e al tuo prodotto è invece importantissimo e una competenza relativa a questo campo a volte può fare la differenza tra un *team* di operai efficienti e produttivi, che abbiano una visione più ampia rispetto all'operatività quotidiana, e operai a cui è stato insegnato, invece, solo lo stretto necessario per svolgere tecnicamente il proprio lavoro. Inoltre, la tua fabbrica cinese dovrà avere dei rapporti di comunicazione frequenti con il resto della tua struttura in Italia ed è fondamentale che le differenti divisioni aziendali abbiano una visione e dei valori comuni, per poter meglio lavorare in *team*.

SEGRETO n. 37: la formazione degli operai relativa alla cultura aziendale e al messaggio del tuo *brand* è altrettanto importante di quella relativa agli aspetti tecnici del lavoro.

Il metodo più veloce ed efficace per trasmettere questi valori è quello di inviare un tuo responsabile delle risorse umane in Cina a fare degli corsi di formazione specifici sull'identità aziendale, la storia dell'azienda e su tutti gli aspetti legati all'immagine e ai valori della società che prescindono dal puro aspetto operativo.

Per qualcuno questa fase della formazione potrebbe sembrare superflua ma l'esperienza di molte aziende che operano già con successo in Cina dimostra come non sia così. Un altro consiglio utile è quello di utilizzare per lo *startup* della tua fabbrica in Cina manager e responsabili di produzione che abbiano uno storico professionale con la tua azienda e che possibilmente ne facciano parte da molti anni. Queste persone avranno maggiore facilità a trasmettere esperienza e cultura aziendale ai nuovi arrivati.

A volte privarsi di manager esperti in patria per collocarli all'interno del progetto cinese può rappresentare una sfida; un buon imprenditore deve valutare in anticipo questi fattori e, nel momento in cui decide di avviare una propria attività produttiva in Cina, deve mettere in conto che la sua fabbrica italiana, almeno per un periodo, dovrà fare a meno dell'apporto continuativo di qualche suo elemento importante. Ci si dovrà assicurare, quindi, in anticipo che ciò non vada a creare problemi al normale svolgimento degli affari in Italia.

Un altro aspetto critico è la sicurezza della fabbrica. Gli operai cinesi hanno una consapevolezza dell'importanza di un ambiente di lavoro sicuro molto più bassa rispetto ai loro colleghi occidentali; anche in questo caso è fondamentale dedicare tempo e risorse a rinforzare questo punto.

Senza arrivare agli eccessi che mi è capitato di vedere in altre parti del mondo, ad esempio in India, dove in un impianto petrolchimico ho visto con i miei occhi delle grosse mucche (animali sacri da quelle parti) passeggiare tranquillamente su delle tubature a dieci metri di altezza da terra, oppure operai girare scalzi per l'impianto (una pratica che, se riscontrata in Italia, porterebbe sicuramente all'arresto immediato del responsabile della sicurezza dell'impianto!), anche in molte fabbriche cinesi il concetto di sicurezza è molto relativo.

Questo ovviamente non deve essere accettabile per un'impresa straniera che produca in Cina e la mentalità degli operai cinesi va indirizzata e sensibilizzata su questi temi tramite apposite sessioni di formazione. Anche le operazioni industriali più banali, come mettere in sicurezza elettrica un'apparecchiatura o effettuare una saldatura, rappresentano un potenziale rischio per un operaio cinese non adeguatamente formato.

Anche le procedure di smaltimento dei rifiuti tossici della tua fabbrica devono essere adeguatamente spiegate agli addetti di produzione. Un imprenditore tedesco di mia conoscenza mi ha raccontato che all'interno della sua fabbrica in Cina, solo dopo alcuni mesi dallo *startup*, in maniera casuale, si accorse che i suoi operai, di propria iniziativa, smaltivano regolarmente dei rifiuti liquidi molto tossici in un fiume posto nelle vicinanze, portando a turno in bicicletta dei contenitori da duecento litri di questo liquame al fiume.

Specialmente negli ultimi anni, l'attenzione all'ambiente in Cina si è fatta molto forte e pratiche di questo tipo, se rilevate dagli appositi organi di controllo, possono rivelarsi molto dispendiose per la tua azienda in termini di sanzioni. Anche in questo caso, un appropriato *training* sulla pericolosità dei rifiuti di produzione e il loro corretto smaltimento può farti evitare il problema.

Un altro fattore critico è l'elevato *turnover* che storicamente contraddistingue gli operai cinesi, sempre pronti a cambiare lavoro nel caso si prospettino condizioni economiche migliori in un'altra azienda.

Non è raro sentire storic di aziende straniere che vedono intere squadre di loro operai partire per le vacanze annuali del capodanno cinese (di solito tra i mesi di gennaio e febbraio), rientrando alle loro città di origine, senza mai più fare ritorno al lavoro e senza dare il minimo preavviso o la minima giustificazione.

Ci sono tuttavia degli accorgimenti per fidelizzare la propria forza lavoro e qui sotto riassumiamo i punti fondamentali su cui ci si può concentrare per cercare di minimizzare il *turnover* della propria forza lavoro cinese:

1. *salario.* Molte aziende occidentali hanno adottato la politica di aggiungere qualche centinaio di RMB (qualche decina di euro) al salario minimo richiesto dal governo cinese per gli operai; sorprendentemente questa misura, da sola, è sufficiente per ridurre il *turnover* dei propri operai. Ad ogni modo vale la regola che se gli stipendi da te corrisposti si collocano nella fascia alta di mercato, le possibilità che i tuoi operai vengano in contatto con offerte migliori diminuisce drasticamente;

2. *alloggio.* È pratica comune avere un dormitorio all'interno della fabbrica dove gli operai, molto spesso provenienti da altre provincie, alloggiano dopo il lavoro. Le condizioni di queste strutture possono variare molto e, quando siano buone, costituiscono un fattore molto importante per incoraggiare la propria forza lavoro a restare;

3. *rapporto con gli operai.* Incoraggiare i propri operai e mostrare rispetto e attenzione verso le loro necessità costituisce, come del resto in tutto il mondo, uno dei modi più validi di fidelizzare la forza lavoro;

4. *formazione.* Fornire agli operai la possibilità di crescere professionalmente e personalmente tramite corsi di formazione è un altro fattore molto valutato dagli operai cinesi, che li motiva a rimanere fedeli alla loro azienda.

SEGRETO n. 38: i quattro punti fondamentali su cui ti puoi concentrare per fidelizzare la tua forza lavoro cinese sono: salario, alloggio, rapporto con gli operai e formazione.

Concludiamo questo paragrafo con una menzione al grave problema del lavoro minorile (presente in numerosi paesi in via di sviluppo), anche se in Cina rappresenta un fenomeno molto contenuto.

L'opinione pubblica mondiale, negli ultimi anni, ha posto un forte accento su questa problematica, contribuendo sensibilmente alla sua riduzione. Questa pratica, oltre a poter generare dei gravi problemi legali, può seriamente penalizzare le aziende occidentali che vi ricorrono, in termini di reputazione e immagine; quindi non deve essere nemmeno presa in considerazione da chi decida di intraprendere un'attività produttiva sul territorio cinese.

Il controllo qualità

Concludiamo questo capitolo sul produrre in Cina con alcuni cenni sul controllo qualità. Molte aziende occidentali che iniziano a produrre in Cina, ritengono erroneamente che, dopo un appropriato *training*, gli operai cinesi siano perfettamente in grado di svolgere il ruolo di controllori della qualità della fabbrica, ognuno almeno relativamente al proprio settore.

Questo scenario non è purtroppo realistico e, in parte per i problemi visti nei paragrafi precedenti, il controllo qualità nella tua fabbrica cinese dovrà essere affrontato in modo molto più accurato di quanto non venga fatto nella tua fabbrica italiana.

Una distinzione fondamentale è che, nella quasi totalità dei casi, e contrariamente a quanto avviene in Occidente, gli operai cinesi non sono degli utilizzatori dei beni che stanno contribuendo a produrre, non hanno quindi quella sensibilità relativa alla loro qualità finale che un utilizzatore esperto potrebbe avere. Inoltre, il retaggio culturale dell'operaio cinese, che proviene da una società dove nella realtà produttiva la qualità dei beni aveva marginale importanza, può rendere il concetto particolarmente ostico.

Piuttosto che lasciare questo compito agli operai stessi, molte fabbriche assumono forza lavoro specificatamente dedicata al controllo qualità, come avviene spesso nelle fabbriche occidentali. Tuttavia, anche qui, non bisogna sovrastimare la capacità di apprendimento di questi operai preposti al controllo qualità ed è sempre consigliabile utilizzare un numero maggiore di individui, ognuno preposto a uno specifico controllo di qualità, piuttosto che affidare a poche persone molti compiti diversi, massimizzando così le possibilità di errori e trascuratezza.

SEGRETO n. 39: gli operai cinesi impiegati in fabbriche estere, normalmente, non sono fruitori dei prodotti che contribuiscono a fabbricare, quindi hanno poca sensibilità relativamente alla qualità finale degli stessi.

Per massimizzare l'efficienza dei controlli qualità, è consigliabile costruire un sistema di incentivi non basato sulla *performance* del singolo, che in una società che valuta l'armonizzazione e il lavoro di gruppo potrebbe sembrare poco appropriato e giusto, ma piuttosto sul lavoro di una squadra.

Per la mentalità dei cinesi, inoltre, potrebbe essere imbarazzante dover riportare a un superiore che un proprio collega ha commesso un errore, quindi è preferibile che l'intera squadra sia considerata responsabile sia degli errori che del lavoro ben svolto da parte dei singoli.

Questo, oltre a incoraggiare il lavoro di gruppo e lo spirito di cooperazione, permette anche un maggiore controllo reciproco sulle attività individuali, la cui accuratezza potrebbe influire sul risultato di tutti i componenti della squadra di lavoro.

Una buona pratica è quella di legare il numero dei difetti di produzione a degli incentivi economici, premiando sia l'assenza di difetti che la loro pronta identificazione, prima della spedizione al cliente finale. Quando invece un cliente finale emette un reclamo di qualità, quando questo sia giustificato dall'effettiva bassa qualità del prodotto, è buona norma istituire delle vere e proprie sanzioni, disciplinari o economiche, per gli operai cinesi, che sono molto sensibili specialmente alla prima tipologia e che le possono considerare un forte deterrente ad abbassare i propri *standard* di qualità lavorativi.

Infine, un punto critico della tua produzione sarà la ricezione delle materie prime che, essendo prodotte da un'altra fabbrica cinese, vanno attentamente valutate da un punto di vista qualitativo prima di essere accettate. Molti dei difetti produttivi riscontrati da aziende occidentali in Cina sono da imputarsi alla bassa qualità delle materie prime non tempestivamente rilevata dai responsabili di qualità.

RIEPILOGO DEL GIORNO 6:

- SEGRETO n. 33: le economie sui costi di produzione che si possono realizzare de-localizzando un'attività produttiva in Cina, sono sicuramente interessanti ma molto spesso sopravvalutate e mistificate.

- SEGRETO n. 34: una delle maggiori attrattive del produrre in Cina è la possibilità di poter distribuire il proprio prodotto sul mercato cinese, partendo da una posizione logistica di netto vantaggio.

- SEGRETO n. 35: i tre parametri fondamentali da valutare per la scelta della location di una fabbrica cinese sono: prossimità con fornitori e clienti, affidabilità delle utilità industriali e disponibilità della forza lavoro cinese.

- SEGRETO n. 36: la legge cinese impone di rivolgersi a tre diversi tipi di imprese per la costruzione di una fabbrica: società di progettazione, general contractor e società di supervisione.

- SEGRETO n. 37: la formazione degli operai relativa alla cultura aziendale e al messaggio del tuo brand è altrettanto importante di quella relativa agli aspetti tecnici del lavoro.

- SEGRETO n. 38: i quattro punti fondamentali su cui ti puoi concentrare per fidelizzare la tua forza lavoro cinese sono:

salario, alloggio, rapporto con gli operai e formazione.

- SEGRETO n. 39: gli operai cinesi impiegati in fabbriche estere, normalmente, non sono utilizzatori dei prodotti che contribuiscono a fabbricare, quindi hanno poca sensibilità relativamente alla qualità finale degli stessi.

GIORNO 7:
Come costruire solide relazioni di business

L'arte del *guanxi*

In questo capitolo ci focalizzeremo su tutti gli elementi che contribuiscono a creare delle relazioni di business vincenti con i nostri interlocutori cinesi. Questo aspetto è assolutamente critico e non può essere in alcun modo trascurato. Va anche detto che l'aspetto relazionale negli affari è di primaria importanza in ogni paese del mondo e la Cina non è particolarmente diversa dagli altri paesi in questo.

Molti occidentali commettono semmai l'errore opposto, ritenendo che delle ottime relazioni sociali possano sopperire alla mancanza di un'idea di business solida e centrata o a un'appropriata strategia per realizzarla.

Il primo concetto fondamentale da conoscere è quello del *guanxi*, un'espressione non completamente traducibile nella nostra lingua ma che si riferisce in qualche modo a un *network* di conoscenze influenti di cui la persona dispone.

Avere delle buone *guanxi* in Cina vuol dire avere contatti con molte persone con le quali all'occorrenza ci si possa scambiare dei favori. Mentre per gli americani questo concetto può sembrare strano o poco attinente a una logica di business, per noi italiani, e in generale europei del sud, è del tutto normale e non ci sorprende minimamente.

Il meccanismo fondamentale sul quale si basano le *guanxi* è quello della reciprocità (per approfondimenti puoi consultare l'ebook "I Meccanismi della Persuasione", pubblicato sempre con Bruno Editore), ovvero il nostro naturale istinto a rispondere a un'azione di qualcun altro che ci favorisce con un'azione di uguale o superiore entità, anche se a distanza temporale dal primo evento.

Per questo motivo, il modo più efficace per costruirsi delle ottime *guanxi* in Cina è quello di iniziare a compiere, nei limiti del nostro potere, azioni che possano essere utili o favorire persone che in seguito potranno esserci utili a loro volta. Chiedere se possiamo essere d'aiuto, mettere a disposizione la nostra esperienza o competenza per risolvere un problema o semplicemente interessarci agli altri e porci in modo amichevole nei loro confronti, sono tutte ottime azioni nell'ottica della costruzione di *guanxi* in Cina.

Ovviamente queste azioni non devono apparire come strumentali e orientate solo a un nostro tornaconto, ma devono essere genuinamente mosse dalla nostra volontà di crearci un network potenziante in Cina, di conoscere meglio e apprezzare il popolo e le tradizioni cinesi e mettere a disposizione di altri le nostre competenze per dare valore al rapporto con un nostro interlocutore cinese. Quando mosse da questi intenti, le azioni sopracitate sono molto spesso sorprendentemente efficaci.

SEGRETO n. 40: il concetto di *guanxi* si riferisce all'avere un network di conoscenze influenti ed è fondamentale per costruire solide relazioni di business in Cina.

Cito un esempio che mi riguarda: quando alcuni anni fa la mia società cinese si installò in un nuovo ufficio a Shanghai, durante il trasloco conoscemmo il nostro vicino di stanza, il sig. Ming, che si occupava anche lui di consulenza, nel suo caso verso aziende dell'Europa dell'Est che volevano fare business in Cina.

Per un anno intero i rapporti con Ming furono molto cordiali. Quando eravamo entrambi in ufficio non mancavamo mai di invitarci reciprocamente per un tè, scambiare due chiacchiere e perfino cenare insieme. Parlavamo di molte cose, spesso al di fuori dell'ambito lavorativo e nessuno dei due aveva in mente specifiche possibilità di collaborazione.

Alla fine del primo anno di conoscenza, mi trovai a partecipare con alcuni clienti italiani nel settore alimentare a un'importante fiera di Shanghai e mi trovai di fronte a un grosso problema. Le dimensioni degli *stand* disponibili erano superiori a quelle di cui i miei clienti avevano bisogno e partecipare da soli a questa fiera avrebbe per loro comportato un investimento economico che non era giustificato dal volume di affari che fino a quel momento si stava sviluppando nel paese.

Parlando con Ming della questione durante una delle nostre cordiali chiacchierate, senza che io chiedessi nulla, questi si offrì immediatamente di condividere lo *stand* con noi dividendo la spesa, anche se le aziende sue clienti non avevano fino a quel momento considerato l'ipotesi di partecipare a quella fiera.

Per risolvere il nostro problema, decise di investire di tasca sua nel pagamento dello *stand*, offrendo ai suoi clienti questa opportunità e quindi contribuendo a fidelizzare il rapporto con queste aziende. Se non avessimo passato tutte quelle ore insieme, senza alcuna precisa finalità di business ma solo per il piacere di scambiarci i nostri rispettivi punti di vista su moltissimi temi relativi ai nostri due paesi, probabilmente questa soluzione non sarebbe mai venuta alla luce.

Due concetti fondamentali da tenere a mente, nella costruzione del proprio *guanxi* sono i seguenti:

1. l'entità dei favori necessari per instaurare questo tipo di relazione non deve necessariamente essere importante. Quello che conta è il gesto e la disponibilità a instaurare un rapporto, non l'effettivo contenuto dello scambio;

2. i cinesi considerano imperdonabile non rendere un favore al bisogno oppure fingere di dimenticarsi di aver ricevuto un favore quando è il nostro turno di renderci utili.

A riguardo del secondo punto, va aggiunto ovviamente che non siamo tenuti a fare tutto quello che un nostro interlocutore cinese ci chiede, semplicemente perché questi ci ha fatto un favore in precedenza! Queste logiche rimangono fortunatamente solo all'interno di organizzazioni criminali e sono facilmente evitabili nella società civile.

In particolare, è sufficiente utilizzare l'accortezza di non esprimere mai un rifiuto diretto. Nella cultura cinese e in quella asiatica in generale, un rifiuto diretto è considerato altamente sgarbato, quindi è preferibile utilizzare un giro di parole, che spieghi con tono sinceramente dispiaciuto perché, in questo caso, non sia possibile soddisfare la richiesta, proponendo almeno un'alternativa più in linea con le nostre possibilità.

SEGRETO n. 41: due concetti fondamentali da tenere a mente nel *guanxi* sono che l'entità dei favori che ci si scambia

non deve essere necessariamente importante e che i cinesi considerano un errore imperdonabile che non gli si restituisca un favore che ci è stato fatto in precedenza.

Il *guanxi* nel business

Se a livello personale il *guanxi* può essere utile e può renderci la vita più facile in Cina, a livello di business questo si rivela spesso come il fattore discriminante tra il successo di un'operazione di business e il suo fallimento.

Avere delle conoscenze, ad esempio, in ambito governativo, può facilitare enormemente lo svolgersi dei processi burocratici legati a un'attività di business in Cina. I cinesi hanno la tendenza a voler spesso mischiare affari e amicizia e per instaurare una proficua relazione di business con un cinese, è necessario curare molto l'aspetto relazionale, creando un'atmosfera amichevole in cui i rapporti esulino da un semplice contatto professionale.

Ancora una volta, ciò rappresenta un vero e proprio *shock* per culture di tipo anglosassone, come quella americana, dove la barriera tra personale e professionale è sacrosanta, mentre non ci non sorprende più di tanto essendo pratica comune anche nel nostro paese. La differenza qui è che dobbiamo interagire a livello di amicizia con persone che hanno abitudini, cultura, usanze e schemi di pensiero spesso lontani anni luce dai nostri. Ciò può rappresentare una vera e propria sfida, per la quale è necessaria un'adeguata preparazione.

Come avviene spesso anche nel nostro paese, una delle forme più immediate ed efficaci di scambio di favori è quella dell'introduzione a terze persone, amiche di una delle due parti, che possano essere utili al nostro interlocutore.

Questo può essere sfruttato a nostro favore nel modo seguente: se abbiamo stabilito una buona relazione personale con una certa persona cinese e se ci troviamo nella condizione di necessitare di un buon contatto, ad esempio presso un certo ufficio governativo, che potrebbe far accelerare la velocità di richiesta di una nostra autorizzazione di business, possiamo semplicemente chiedere al nostro amico di presentarci qualcuno del suo *network* vicino a quest'area di interesse.

Non è improbabile che il nostro amico cinese, all'interno del suo *network* di contatti, avrà un amico di un amico che fa proprio al caso nostro e, in pura ottica di *guanxi*, si sentirà obbligato a organizzare un incontro per introdurci questa persona.

Citando ancora un esempio personale, ricordo una volta quando una mia dipendente cinese molto valida, improvvisamente, decise di lasciare la società a causa di problemi personali che le imponevano un ritorno immediato alla sua città di origine. Si trattava della nostra *office manager* e sostituirla non sarebbe stato semplice.

Visto il buon rapporto personale che si era instaurato durante oltre due anni di collaborazione, decisi di utilizzare il principio del *guanxi* e le chiesi se mi poteva suggerire qualche persona, all'interno del suo *network*, che avrebbe potuto sostituirla.

Ci pensò qualche giorno e alla fine ci propose una sua collega di università, che lavorava attualmente per un'altra società di consulenza straniera e che aveva intenzione di cambiare lavoro. Dopo una serie di colloqui con noi, questa ragazza si dimostrò la persona adatta a prendere il posto dell'impiegata dimissionaria. La semplice applicazione del concetto di *guanxi* ci aveva risparmiato un lungo e dispendioso processo di selezione di una nuova risorsa.

Un altro suggerimento molto utile per chi vuole costruirsi rapidamente un *guanxi* in Cina è quello di entrare in contatto inizialmente con altri stranieri che già siano attivi a livello di business nel paese e possibilmente vi risiedano.

Può sembrare strano ma, nella maggior parte dei casi, queste persone sono talmente calate nella logica del *guanxi*, che si comporteranno in questo senso quasi come dei cinesi, con il grande vantaggio per noi che potremo parlare con loro in inglese (o addirittura in italiano se si trattasse di nostri connazionali).

Queste persone hanno certamente sviluppato un loro *network* di conoscenze influenti tra i cinesi con cui sono entrati in contatto durante la loro permanenza in Cina e, all'interno della logica sopra descritta, saranno lieti di mettere a disposizione le loro conoscenze in cambio di qualche altro favore che può provenire da noi. In città come Pechino o Shanghai, la comunità straniera è molto sviluppata e, ad esempio tra gli italiani, c'è spesso un forte senso di coesione derivante dalla provenienza comune.

Nel caso di Shanghai, pur trattandosi di una megalopoli di oltre venti milioni di persone, si sono creati dei punti di incontro, specialmente dei ristoranti e dei locali, dove prima o poi si incontrano tutti gli italiani presenti, anche temporaneamente, in città.

Frequentando questi posti strategici (che cambiano di anno in anno, ma ce ne sono alcuni storici) si ha la possibilità di entrare in contatto con molte persone che possono esserci utili e con le quali si può instaurare un rapporto di scambi reciproci di favori relativi alla permanenza e agli affari in Cina.

Attenzione però alla naturale tendenza dei cinesi, ma anche di molti italiani, a esagerare a riguardo dell'entità e dell'influenza del proprio *network* di connessioni. La mia regola personale è che se il mio interlocutore insiste nel citare personaggi potenti e influenti, molto spesso uomini politici di rilievo nazionale, affermando di avere strette connessioni con loro, quasi sicuramente sta lavorando di fantasia. Il sospetto diventa certezza quando, come avviene sorprendentemente spesso, il mio interlocutore, vedendomi non troppo impressionato dai nomi che sta citando, gioca la sua ultima carta per fare colpo: il Presidente della Repubblica cinese. Quando viene nominata questa carica istituzionale, ho l'assoluta certezza di avere di fronte qualcuno che vuole semplicemente impressionare gli altri e che ha in realtà ben poche connessioni.

Infatti, se qualcuno dispone anche di una connessione lontana con la massima carica dello stato, di solito tiene questa informazione per sé e non la comunica ai quattro venti.

Uno dei migliori modi per costruire il proprio *guanxi*, sia personale che professionale, è quello di invitare la persona al ristorante. Il pasto, come abbiamo visto in un precedente capitolo, è un vero e proprio evento sociale per i cinesi e la stessa disposizione della tavola tradizionale cinese, sempre rigorosamente in forma circolare, è pensata per facilitare le interazioni e favorire il contatto tra le persone.

Anche il fatto che il cibo sia condiviso tra tutti i commensali, prelevato da ciotole comuni poste al centro della tavola, favorisce questo spirito di comunione e scambio reciproco. In questi contesti, anche l'uso dell'alcool ha un ruolo molto importante.

Il cosiddetto "social drinking" in Cina assume un ruolo fondamentale e il susseguirsi di brindisi al grido di "gan bei" (letteralmente: "bicchiere vuoto", con la cui espressione, cioè, si presuppone che in un'unica sorsata il contenuto del bicchiere sia ingerito) può raggiungere ritmi impressionanti se ci si imbatte in un gruppo di cinesi, specialmente se provenienti dal Nord della Cina, che amano l'alcool.

L'alcool aiuta a ridurre le differenze culturali, le barriere di lingua e in generale le inibizioni di un popolo in principio molto pudico e riservato come quello cinese. In questi contesti, la conoscenza da parte dell'occidentale di almeno qualche basica parola in cinese può veramente fare la differenza verso l'instaurarsi di un rapporto di simpatia e complicità che in seguito, in ottica *guanxi*, può generare notevoli vantaggi ad ambo le parti.

A riguardo di questo punto, devo dire di essermi sempre trovato un po' in difficoltà in quanto il mio rapporto con l'alcool non è così stretto come quello che si richiede in questo tipo di circostanze. Sebbene non disdegni bere ogni tanto, non sono assolutamente in grado di sostenere i ritmi e le quantità che la maggior parte dei cinesi sembra naturalmente essere incline ad assumere.

Per risolvere questo problema, ho provato gli *escamotage* più vari, dal fingere di bere dal bicchiere pieno mentre tutti gli altri stanno a loro volta bevendo e poi, con gesto rapido, svuotare il contenuto sul pavimento (se ti stai scandalizzando di questa pratica, ti posso assicurare che alla fine di una cena, sul pavimento di un ristorante cinese anche di ottima qualità, il contenuto di un bicchiere non è certo l'unica né la peggiore sostanza che si possa riscontrare), al riempire furtivamente il mio bicchiere con tè o acqua fingendo poi che sia alcool.

Devo dire, però, che la soluzione migliore è sempre stata quella di accompagnarmi a un collega o un partner di affari che avesse una naturale predisposizione all'alcool e lasciare che l'attenzione dei cinesi si concentrasse su di lui, come spesso avviene quando a tavola si siede un occidentale che desideri sfidare i presenti in quanto a frequenza e quantità di bevute.

I limiti del *guanxi*

Da come lo abbiamo descritto, potrebbe sembrare che il *guanxi* abbia solo lati positivi ma, come in tutte le cose, non è così. Infatti come spesso avviene in ambito professionale, le persone cambiano lavoro o semplicemente escono dalla grazia dei propri superiori. Un rapporto che avevamo coltivato con tanto "lavoro", quindi, può rivelarsi completamente inutile a seguito di un cambio di carriera da parte del nostro contatto.

Non è raro, addirittura, che il nostro interlocutore cinese, che ci considerava parte del suo *guanxi*, ritenendo che gli potessimo essere utili in qualcosa, cambiando lavoro e non considerando più utile e strategico il nostro contatto per il suo nuovo impiego, interrompa bruscamente il rapporto che, nel frattempo, per noi aveva assunto i contorni di una vera e propria amicizia.

SEGRETO n. 42: il *guanxi* può presentare forti limitazioni nel caso in cui i nostri contatti cambino lavoro o escano dalla grazia dei propri superiori, perdendo gran parte del valore che gli avevamo attribuito.

A tale riguardo posso citare una mia esperienza personale: avevo conosciuto il responsabile vendite estere di una fabbrica cinese di componenti elettronici e, dato che tra i suoi principali acquirenti c'erano dei distributori italiani, questi mi aveva subito "catturato" nella sua rete di *guanxi* in quanto a volte necessitava di traduzioni di testo italiane o semplicemente consigli e suggerimenti su come trattare con interlocutori del nostro paese.

Ogni volta che mi trovavo a Guangzhou, dove questa persona risiedeva, non mancava di invitarmi a cena e trattarmi proprio come un amico, a volte in modo anche eccessivo rispetto alle nostre sporadiche frequentazioni. Un giorno, dopo che non lo sentivo da alcuni mesi, arrivando a Guangzhou di sera e non avendo particolari programmi, decisi di chiamarlo per invitarlo a bere qualcosa e fare due chiacchiere come al solito.

La sua risposta fu disarmante: non era disponibile a vedermi giacché era stato trasferito al dipartimento logistico della sua azienda e non aveva più nulla a che fare con l'Italia! In altre parole, il mio "amico" cinese mi stava dicendo che, non servendogli più per scopi professionali, non aveva alcun interesse a perdere tempo con me.

Un altro aspetto potenzialmente negativo del *guanxi* è la naturale tendenza di molti cinesi (in questo accomunati a noi italiani) a fare promesse che non sono poi in grado di mantenere oppure che non hanno la minima intenzione di mantenere.

Questo, se non si è abbastanza esperti della psicologia e della mentalità dei cinesi, può creare qualche problema quando si ritiene di aver "agganciato" un ottimo contatto tramite le proprie azioni di *guanxi* e poi, con il tempo, si capisce che le promesse fatteci da questo contatto rimarranno tali.

È quindi fondamentale, specialmente all'inizio di un rapporto, testare il nostro interlocutore su delle promesse semplici, facili da adempiere e che ci faranno capire il suo effettivo grado di attendibilità in vista di impegni maggiori. Il consiglio, quindi, è di non fare eccessivo affidamento sul proprio *guanxi* ma di considerarlo un prezioso compendio a tutte le altre attività descritte nei precedenti capitoli, che massimizzerà le tue possibilità di successo in Cina.

SEGRETO n. 43: è sempre bene testare l'affidabilità di un nostro contatto cinese all'inizio del rapporto su promesse semplici e facili per lui da mantenere.

Elementi di etichetta di business in Cina

Abbiamo già visto che sapere come comportarsi in contesti di business in Cina può fare la differenza tra il successo e il fallimento dei nostri progetti. La regola generale, del resto applicabile a tutti i paesi del mondo, è che l'educazione, la correttezza e le buone maniere sono sempre la scelta vincente.

Uno degli aspetti fondamentali dell'etichetta di business in Cina è la propria presentazione. Abbiamo già visto che i cinesi sono molto colpiti dallo *status* di una persona che, come in molte altre culture di paesi in via di sviluppo, è espresso attraverso il proprio modo di vestire e gli accessori che si indossano. Vestirsi in modo elegante o portare al polso un orologio costoso, sono in Cina modi sicuri per essere considerati con rispetto nel mondo degli affari. È anche importante rispettare la gerarchia: un dipendente non dovrebbe mai essere vestito in modo più elegante del proprio superiore.

La mia esperienza mi dice che, vestirsi in giacca e cravatta quando si deve affrontare una discussione d'affari in Cina è sempre una buona idea e consente di venire trattati con rispetto e ammirazione anche senza avere aperto bocca.

Anche quando mi trovo a dover visitare stabilimenti produttivi e quando i miei interlocutori, spesso tecnici o direttori di impianti, sono vestiti in modo adeguato a queste funzioni (ad esempio con tute da lavoro oppure in modo *casual*), ritengo sia sempre meglio non abbandonare il codice di vestiario di business occidentale.

Ho sempre suggerito di fare lo stesso ai miei clienti e i risultati sono stati sempre soddisfacenti. Ovviamente non bisogna esagerare nemmeno dal lato opposto, sfoggiando orologi d'oro che costano come il salario di un anno dei nostri interlocutori (o quello di dieci anni dei loro operai) o, nel caso di donne, indossando gioielli troppo vistosi. In generale per i cinesi se la persona che hanno di fronte è ben vestita e mostra qualche simbolo di benessere significa che quest'ultima è valida e ha ottenuto qualcosa nella vita. Questo concetto può essere ricondotto al principio della persuasione detto dell'autorità (vedi il già citato ebook "I Meccanismi della Persuasione").

In Cina sono di assoluta importanza i biglietti da visita, che vanno consegnati al nostro interlocutore con entrambi le mani e tenendoli tra il pollice e l'indice sul lato più lungo (stessa tecnica che dovremmo usare per le carte di credito e qualsiasi altro tipo di biglietto).

Se hai serie intenzioni di fare business in Cina, procedi alla stampa dei tuoi biglietti su doppia facciata, in cinese e inglese rispettivamente. Per la parte cinese, il tuo nome dovrà essere tradotto utilizzando dei caratteri che ne ricordano il suono o di significato simile. Stessa cosa per il nome della tua azienda. Affidati a un cinese di fiducia e lascia a lui questo compito, facendolo poi possibilmente verificare da un'altra persona. Tratta i biglietti da visita che ricevi da parte dei tuoi interlocutori con il massimo rispetto ed evita di scriverci sopra (questo è considerato gesto di estrema maleducazione, al contrario di quanto si faccia da noi).

Altro elemento da non trascurare sono i temi di conversazione. In Cina ci sono alcuni argomenti delicati che non dovrebbero essere mai trattati da un occidentale in un contesto di business (e anche in un contesto personale la questione va valutata attentamente).

Questi argomenti riguardano alcuni fatti controversi della storia e della politica cinese, sui cui l'opinione pubblica mondiale ha generalmente dei punti di vista molto forti e sui quali i cinesi stessi potrebbero essere imbarazzati a esprimere un punto di vista non pienamente in linea con la posizione governativa. Sto parlando di argomenti quali l'indipendenza del Tibet, il massacro di Tien an Men, la questione di Taiwan o la setta Falung Gong.

Questo non vuol dire che non si possa parlare di politica, anzi i cinesi sembrano voler introdurre costantemente questo argomento con i loro interlocutori occidentali, molto spesso lamentandosi del governo e delle leggi (come credo avvenga in tutto il mondo) e sono molto curiosi di capire come dall'esterno viene vista la Cina. Il consiglio è di assumere sempre una posizione neutra, almeno fino a quando non si sia assolutamente certi di quali siano le visioni politiche del nostro interlocutore.

Ci sono infine una serie di comportamenti che sono malvisti dai cinesi e che potrebbero rivelarsi dannosi nell'ottica di stabilire proficue relazioni di business con loro.

Ecco una lista non esaustiva ma che considera quelli principali:
- arrivare in ritardo: i cinesi sono generalmente molto puntuali, specialmente quando si tratta di inviti a cena. Arrivare in ritardo è considerata una mancanza di rispetto e di certo non il miglior modo per instaurare una proficua relazione di business;
- essere arroganti: i cinesi sono culturalmente molto umili, quindi agire in modo arrogante con loro non è mai una buona scelta;
- eccedere nel contatto fisico: strette di mano troppo decise o pacche sulle spalle non sono generalmente molto ben viste dai

cinesi, a causa della loro innata riservatezza e pudicizia. Ovviamente le cose possono cambiare radicalmente dopo l'assunzione da parte loro di ingenti quantità d'alcool;

- usare una mimica troppo accentuata: i cinesi sono prevalentemente molto compiti e composti, utilizzare espressioni facciali eccessive o gesticolare in modo scomposto potrebbe intimorirli ed è meglio evitare questi comportamenti;

- mancare di rispetto all'autorità o ai più anziani: come abbiamo visto, questi sono peccati capitali nell'ottica della cultura confuciana;

- utilizzare un linguaggio maleducato o arrabbiarsi: due comportamenti da evitare a tutti i costi se si vogliono instaurare relazioni di business vincenti con i cinesi.

Il banchetto cinese

Abbiamo già visto che l'occasione dei pasti è per i cinesi qualcosa di più di un semplice momento di nutrizione: rappresenta una vera e propria cerimonia, strategica per l'instaurazione di relazioni personali e professionali. In questo paragrafo andiamo a vedere come comportarci in occasione di un pranzo o una cena.

I banchetti cinesi sono spesso tenuti in sale riservate che molti ristoranti riservano per queste occasioni. I ristoranti cinesi di un certo livello sono costituiti quasi esclusivamente da queste sale, a volte molto larghe e confortevoli e dotate di servizi igienici propri e dove è alloggiato il classico tavolo cinese.

La persona cinese che ti invita spesso seleziona il suo ristorante preferito oppure un ristorante che qualcuno gli abbia consigliato e dove abbia la certezza che la qualità del cibo sia impeccabile. Nonostante l'invito possa avvenire anche per il pranzo, nella grande maggioranza dei casi si tratta della cena.

In Cina si cena già a partire dalle ore 18 quindi non è raro (anzi è piuttosto frequente) che un incontro di business iniziato nel primo pomeriggio, si concluda direttamente con la cena a partire da questa ora. La durata è variabile in base al numero di persone, al grado di confidenza tra gli ospiti e a vari altri fattori, ma ci si deve aspettare una durata minima di 2-3 ore che, come mi è a volte capitato, si prolunga anche ben oltre, specialmente se l'alcool inizia a fluire e se gli ospiti sono particolarmente espansivi.

Se si arriva al ristorante autonomamente dal proprio ospite, è buona norma arrivare in orario, cosa molto apprezzata dai cinesi come abbiamo visto. Il *leader* del nostro gruppo, ovvero la persona più importante, dovrebbe entrare nella sala per primo, seguito dagli altri in ordine di importanza, per rimanere in linea con il già citato principio confuciano del rispetto della gerarchia e dell'autorità.

Proprio a causa di ciò, la disposizione attorno al tavolo non è mai casuale ed è un errore grave da parte nostra il sederci senza che ci sia stato assegnato un posto preventivamente. Non ti sarà difficile constatare che le persone più importanti del tuo gruppo saranno sedute di fianco alle persone più importanti del gruppo dei cinesi.

In particolare, il *leader* del tuo gruppo quasi sempre siederà alla destra del leader del gruppo di cinesi, che è sempre seduto di fronte alla porta di ingresso della sala. Nel caso di un primo banchetto con persone cinesi che non ci conoscono bene, è un'ottima procedura quella di fornire loro preventivamente i nomi e il grado gerarchico delle persone componenti il tuo gruppo.

Questo facilita di molto il lavoro ai tuoi ospiti cinesi, che di certo apprezzeranno questo tuo gesto.

SEGRETO n. 44: la disposizione degli ospiti attorno al tavolo durante un banchetto cinese non è mai casuale e segue delle precise regole gerarchiche a cui è fortemente consigliabile attenersi senza obiezioni.

I tavoli più grandi possono ospitare fino a 12 persone e di solito, nel mezzo, c'è un disco rotante dove vengono posizionate le vivande. Questo disco è chiamato simpaticamente dagli americani "Lazy Susan".

Appena seduti a tavola, vengono immediatamente portate ai commensali delle salviette umidificate poste su un vassoio fumante in alcuni casi oppure in confezioni di *cellophane* e fredde in altri casi. Queste salviette hanno la funzione dei nostri tovaglioli, tuttavia non è raro vedere cinesi che utilizzano il lembo della tovaglia a loro adiacente per pulirsi la bocca mentre mangiano. Questo gesto, da noi considerato segno di estrema maleducazione, in Cina è del tutto normale e accettato.

Ricordo ancora la prima volta che lo vidi fare durante una cena cinese: a stento trattenni la mia ilarità, pensando di aver di fronte una persona particolarmente maleducata, prima di capire, invece, che era una cosa normale e da tutti accettata in quel contesto.

Il mio consiglio, ad ogni modo, è di non seguire questa procedura, almeno non per la bocca, dato che la tovaglia potrebbe non essere il massimo della pulizia e dell'igiene. Alla tua destra troverai le famose bacchette cinesi, ci sarà poi un piattino e una ciotola con un cucchiaio di porcellana per l'immancabile zuppa.

Quasi contemporaneamente alla sistemazione degli ospiti a tavola, sarà servito del tè verde in appositi bicchierini. Per i cinesi questa bevanda ha la funzione dell'acqua e il tuo bicchiere sarà riempito mano a mano che lo consumerai. Puoi ovviamente richiedere acqua in bottiglia ma raramente i cinesi lo fanno.

Ci sarà poi un bicchiere per il vino o la birra a seconda della tua scelta. Le vivande sono portate tutte insieme e posizionate al centro del tavolo sul disco rotante. Il banchetto ha ufficialmente inizio quando l'ospite cinese serve del cibo all'invitato alla sua destra e si produce nel primo brindisi, di solito dando il benvenuto ai suoi invitati occidentali. È buona norma attendere che il nostro ospite inizi a mangiare prima di toccare il nostro cibo.

Una delle cose che mi ha sempre colpito dei banchetti cinesi è la quantità e la varietà di cibo che viene servita. I camerieri continuano a portare piatti in tavola e a sostituire quelli vuoti con una rapidità e una frequenza spesso molto elevate.

Il concetto è che deve rimanere del cibo in tavola, quindi impegnarsi a finire il contenuto del proprio piatto, oppure terminare le porzioni nei piatti di portata per "non lasciare l'ultimo pezzo", avrà come risultato la consegna di nuovi piatti pieni, magari della stessa vivanda, in tavola. Dato che per tutte le vivande si attinge dai piatti di portata per poi porle nel piattino personale di ognuno, dopo qualche passaggio i camerieri si preoccupano di solito di sostituirlo con uno pulito.

Il riso si mette nella ciotola (la stessa usata per le zuppe) e può essere mangiato con il cucchiaio. Tutto il resto del cibo viene mangiato con le bacchette, che sono di semplice utilizzo ma necessitano di una certa pratica per essere maneggiate agilmente.

Se hai problemi in questo senso, a meno che non ti trovi in una zona molto rurale della Cina o in un ristorante di media qualità, i camerieri ti porteranno prontamente un coltello e una forchetta per facilitarti il compito. È sempre bene cercare di usare le bacchette, come segno di buona volontà verso i costumi cinesi e di integrazione culturale.

Durante i banchetti cinesi, molto raramente si parla di business. L'ambiente rilassato e informale del ristorante è considerato dai cinesi un luogo non adatto a questi argomenti e la conversazione verte quasi sempre sul personale, su usi e abitudini dei rispettivi paesi e su argomenti leggeri e divertenti.

Parlare di politica o altri argomenti tabù che ho già citato precedentemente è assolutamente sconsigliato. Se vuoi introdurre qualche altro argomento, ci sono alcuni temi molto cari ai cinesi sui quali non ti potrai mai sbagliare, questi sono:

1. la velocità con cui la Cina sta crescendo;

2. i grandi cambiamenti (positivi) della Cina negli ultimi decenni;

3. il miglioramento della vita dei cinesi grazie a questi cambiamenti;

4. qualunque argomento riguardi il nostro paese.

Questi temi sono sempre molto interessanti per i cinesi e, nel caso dei primi tre, li riempiono di orgoglio.

Riguardo alla qualità del cibo, il più grande errore che noi italiani possiamo fare è quello di pensare che in Cina si mangi lo stesso cibo che troviamo nei ristoranti cinesi del nostro paese.

All'estero, infatti, il cibo cinese ha subito una forte occidentalizzazione e il risultato è un mix tra la ricetta originale cinese e le modifiche apportate per incontrare maggiormente il gusto di noi occidentali.

Ricordo ancora la prima volta che un mio dipendente cinese venne in Italia per una fiera. Pensando di fargli cosa gradita, una sera lo portai a mangiare in un noto ristorante cinese di Milano. Il risultato fu che non toccò quasi niente dal suo piatto, liquidando la questione con la frase: "Questo non è cibo cinese, è cibo occidentale fatto male". Il vero cibo cinese, quello che si mangia in Cina e in alcuni rarissimi ristoranti del nostro paese (dove però il livello di prezzo è nettamente superiore a quello dei normali ristoranti cinesi) può essere veramente delizioso.

In Cina, come da noi, ci sono varie cucine regionali, ognuna con la sua specialità. La cucina cinese che è arrivata, ed è stata opportunamente modificata come abbiamo visto nel nostro paese, è quasi sempre la cucina cantonese, dove il cibo chiamato *dim sum* (in poche parole una sorta di ravioli al vapore ma fatti in moltissimi modi diversi) è una delle principali specialità.

SEGRETO n. 45: il cibo che si trova comunemente nei ristoranti in Cina non ha nulla a che vedere con il cibo che si può trovare nei ristoranti cinesi in Italia.

Tra le principali cucine cinesi possiamo citare quella del Sichuan, caratterizzata da cibi molto piccanti (celebri i ristoranti denominati *Hot Pot*, presenti in varie città della regione, tra cui Chengdu; proprio per questa caratteristica, le ragazze del Sichuan sono simpaticamente dette in Cina "Spice Girls"), quella di

Pechino, caratterizzata dall'essere un mix di varie altre cucine provenienti da diverse regioni del paese, è molto rinomata e ha come suo piatto forte la famosa "Anatra di Pechino". Infine Shanghai, con la cucina shanghainese, dove i piatti principali sono pietanze di pesce e i celebri "Shanghai dumplings", una sorta di spaghetti serviti con vari condimenti.

Inutile dire che è un errore grave quello di cercare di pagare per il pasto alla fine del banchetto quando siamo stati invitati a cena da qualche cinese. Questo gesto potrebbe essere considerato altamente offensivo da parte del nostro ospite cinese.

Tra le curiosità che posso citare riguardo al cibo cinese c'è certamente il famoso "uovo invecchiato cent'anni" (da alcuni chiamato "uovo dei mille anni").

Si tratta di un uovo, normalmente di anatra, conservato per diversi giorni in uno stampo di terracotta in speciali condizioni che rendono il guscio di un colore verde scuro non propriamente invitante. Anche il sapore è molto forte e, sebbene molti cinesi lo trovino prelibato e alcuni lo consumino regolarmente a colazione, per molti tra noi occidentali sarebbe decisamente disgustoso.

Quest'uovo è considerato un simbolo di amicizia e ricordo nettamente una volta in cui un mio potenziale partner di business cinese, durante una cena, prese una di queste uova, la divise in due e me ne offrì metà dicendo che era il segno della nostra amicizia.

Mi trovai così in una situazione veramente drammatica, essendo praticamente costretto ad assumere quel cibo dal sapore e dall'aspetto nauseabondo, per non offendere mortalmente il mio ospite e compromettere forse in modo serio le possibilità di fare affari insieme. Fu veramente dura e ricordo ancora il sapore sgradevole di quell'uovo.

Ancora oggi, quando ne vedo nei supermercati (sempre presenti in un recipiente caldo pieno d'acqua vicino alla cassa), non posso trattenere un moto di ribrezzo.

Qui di seguito ho raccolto le ultime utili raccomandazioni

riguardo al banchetto cinese:

- mai indicare qualcuno con le bacchette, piantarle nel riso (ricordano gli incensi votivi dedicati ai morti), usarle per qualsiasi altra cosa che non sia mangiare o toccare con queste vivande che poi non vengono poste nel nostro piatto;

- non gesticolare con le bacchette quando si parla, non servire gli altri con le proprie bacchette e soprattutto cercare di non farle cadere a terra durante la cena, il che è considerato forte segno di sfortuna;

- non rimanere scandalizzati se i cinesi sputano per terra durante il banchetto o emettono suoni dalla bocca da noi considerati profondamente sconvenienti. Non è così in Cina, anzi, questi gesti sono considerati un segno di quanto i cinesi stiano apprezzando il cibo e la compagnia;

- se cerchi di mangiare il riso dalla ciotola con le bacchette (io preferisco sempre usare il cucchiaio ma molti cinesi usano le bacchette a questo scopo), puoi avvicinare la ciotola alla bocca per facilitare l'operazione.

Fare regali ai cinesi

Lo scambio di regali è una pratica molto diffusa in Cina ed è un ottimo modo sia per ringraziare qualcuno per un favore ricevuto che per rafforzare il rapporto personale in un'ottica *guanxi*. Un'ottima idea è quella di portare ai nostri presenti o futuri partner di business cinesi, un piccolo modello di una delle principali attrazioni del nostro paese: un Colosseo in miniatura, una Torre di Pisa o la riproduzione di qualche altro famoso monumento italiano li farà certamente felici e porrà le basi per un'ottima relazione.

È buona norma non eccedere con il valore di questi regali, per non mettere in imbarazzo l'interlocutore cinese, che si sentirà poi obbligato a ricambiare il gesto in futuro.

Se hai a che fare con più persone di rango differente, è consigliabile utilizzare diversi regali di uguale fattura, senza effettuare distinzioni di valore legate al rango.

Se hai a disposizione i tradizionali *gadget* societari, con il logo della tua azienda, questi possono andare bene lo stesso, anche se devi tenere conto che accessori come calcolatrici, penne, orologi di plastica o simili hanno un costo bassissimo in Cina e potrebbero essere percepiti come di valore troppo modesto. Evita penne dall'inchiostro rosso, di cattivo augurio in Cina, cappelli e ombrelli, oggetti storicamente legati a cattiva sorte. Per quanto riguarda la confezione, usa sempre carta rossa; il rosso è il colore delle cerimonie e, appunto dei regali, in quanto tradizionalmente legato alla buona sorte. Evita il colore blu, il bianco e il nero, storicamente legati alla cattiva sorte in questo contesto.

SEGRETO n. 46: fare regali ai cinesi è un'ottima pratica a patto che il valore di questi non sia eccessivo e che vengano seguite alcune regole base.

Fai attenzione al fatto che i cinesi rifiuteranno spesso i regali la prima o la seconda volta che li proporrai ma ciò non vuol dire che non li gradiscano. Devi semplicemente insistere e, per loro cultura, i cinesi li accetteranno volentieri al terzo o quarto tentativo da parte tua. Aprire un regalo di fronte ad altri è considerato sgarbato, quindi non sorprenderti se i cinesi non lo faranno. Tu dovrai fare lo stesso, rimandando l'apertura del regalo a un secondo tempo.

RIEPILOGO DEL GIORNO 7:

- SEGRETO n. 40: *guanxi* si riferisce ad avere un *network* di conoscenze influenti ed è un concetto fondamentale per costruire solide relazioni di business in Cina.

- SEGRETO n. 41: due concetti fondamentali da tenere a mente nel *guanxi* sono che l'entità dei favori che ci si scambia non deve essere necessariamente importante e che i cinesi considerano un errore imperdonabile che non gli si restituisca un favore che ci è stato fatto in precedenza.

- SEGRETO n. 42: il *guanxi* può presentare forti limitazioni nel caso in cui i nostri contatti cambino lavoro o escano dalla grazia dei propri superiori, perdendo gran parte del valore che gli avevamo attribuito.

- SEGRETO n. 43: è sempre bene testare l'affidabilità di un nostro contatto cinese all'inizio del rapporto su promesse semplici e facili per lui da mantenere.

- SEGRETO n. 44: la disposizione degli ospiti attorno al tavolo durante un banchetto cinese non è mai casuale e segue delle precise regole gerarchiche a cui è fortemente consigliabile attenersi senza obiezioni.

- SEGRETO n. 45: il cibo che si trova comunemente nei

ristoranti in Cina non ha nulla a che vedere con il cibo che si può trovare nei ristoranti cinesi in Italia.

- SEGRETO n. 46: fare regali ai cinesi è un'ottima pratica a patto che il valore di questi non sia eccessivo e che vengano seguite alcune regole base.

Conclusione

Se hai terminato la lettura di questo ebook ti faccio i miei più sinceri complimenti: hai dimostrato di essere seriamente interessato a capire meglio il "pianeta Cina", non solo a parole ma anche con un impegno concreto e disciplinato.

La conoscenza delle informazioni contenute in questo ebook, da sola, certamente non determinerà il tuo successo o fallimento in ambito professionale in Cina.

Come certamente ben sai, i risultati si ottengono solo se si lavora con impegno e solo se si attuano le strategie giuste; tuttavia, aver dedicato del tempo all'approfondimento dei temi qui trattati, ti collocherà di certo in una posizione di vantaggio rispetto a coloro, e sono la maggioranza, che decidono di dare origine a un progetto di business in Cina senza prima documentarsi su questo paese e senza una precisa opera di studio che preceda l'azione.

La strada del successo in affari in Cina è lunga e tortuosa ma può riservare enormi soddisfazioni, personali ed economiche. Se hai assimilato i concetti presentati in questo ebook, appartieni già a quella minoranza di persone che ha deciso di andare oltre le apparenze e i luoghi comuni generalmente accettati sulla Cina.

Non mi resta che augurarti tutto il meglio per il tuo business con la Cina e, se in qualche modo potessi esserti d'aiuto in questo progetto, ciò sarebbe un mio onore e un mio piacere. Mi puoi contattare in qualsiasi momento alla mia e-mail personale: mgermani@email.it.

In bocca al lupo e buona Cina!

www.ingramcontent.com/pod-product-compliance
Lightning Source LLC
LaVergne TN
LVHW011001200726